法國高中生 哲學讀本 III

PASSERELLES

PHILOSOPHIE TERMINALES L.ES.S

我能夠認識並主宰自己嗎？

——————— 建構自我的哲學之路

侯貝（Blanche Robert）等人——著

梁家瑜——譯

沈清楷——審

目錄

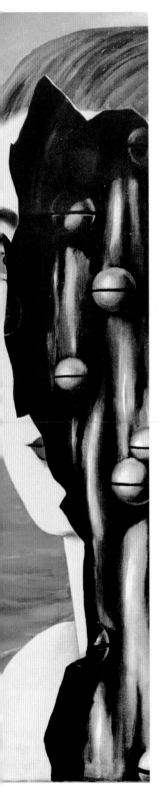

第一章 主體哲學導論 ＿＿＿＿＿＿＿＿＿＿＿＿＿＿＿2

主體是思考的存在，是感知的基礎，是各種行動的起源。

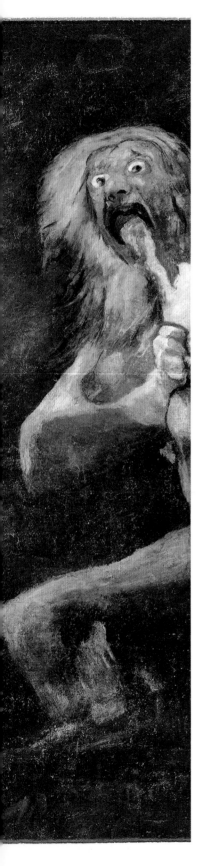

第二章 意識與無意識

意識是再現我們自己與外在世界的過程。無意識是佛洛伊德提出的假說，用以解釋意識所無法說明的事物。

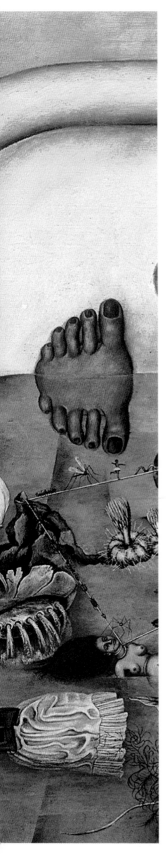

第三章 知覺 _____54

所謂知覺，就是知覺的主體和被知覺的客體發生接觸之後，產生各種感覺所組織而成的整體。

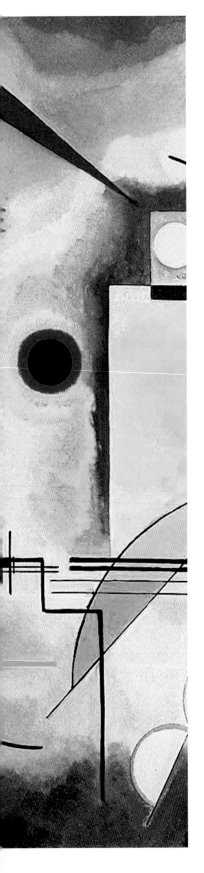

第四章 他人 _____ 84

他人是另我，既是有別於我，因為他並不是我，同時卻又與我相似，因為他是有意識與感覺的存在。

問題思考 ————┼———— COURS

第五章 欲望 _____110

欲望是對缺乏的意識，以及我們為了填補缺乏所付出的努力，而缺乏卻永不止息地再生。

問題思考 ————+———— COURS

第六章 存在與時間

存在就是就其所是真正地「在」。度量與影響存在的就是時間。

【推薦序】

高中哲學教育的視野
──思考那不被思考的事情

文｜沈清楷

　　每年六月，法國都會有五、六十萬高中生參加長達四小時的高中哲學會考筆試，而近年來，台灣媒體同步瘋狂轉貼法國高中哲學會考題目，引發許多討論。或許有人基於對舶來品和法國的異國遐想而感到欣羨，也有人趁機宣洩對當前台灣作文考題的不滿，而法國高中哲學會考題目的開放性，更不禁讓人比對過去台灣在黨國體制下高中聯考必考的「三民主義」或是現存的「中華文化基本教材」以及國文的作文考題。似乎，台灣也應該有這樣的哲學會考？

　　我們常教學生或孩子思考，又害怕他們因為懂得思考而不服從管教，因而扼殺了思考。我們會用「不要想太多」來規訓他們生命的奔放，因此教他們思考是危險的，因而，哲學是危險的，因為它要求思考，思考那不被思考的事情！因為學會了思考，他們會頂嘴、反駁、要求合理。但是，轉念一想，如果透過思考尋找理由彼此說服與溝通，不會因為學生或孩子會頂嘴而認定他們不受教，他們便可能在思考過程中學習如何傾聽與溝通。而大人只要放下身段，不以權威自居，將會成為他們未來最好的對話者與忘年之交。大人也可以從他們的真摯，反省我們太過人性的世俗，學習到我們可能早已遺忘的純真。因此，重點不是「不要想太多」，而是「怎麼想」。哲學教育也不會停留在怎麼想，因為，思考在某一刻會觸發行動。

　　法國高中有個耳熟能詳的謠傳：在上了一學期的哲學課之後，哲學老師教導如何找出問題意識，針對一般看法提出反思，形成定義後，進行正反論證、旁徵博引等等。期末考到了，老師出了一個題目：何謂風險？並規定作答方式、答題時間、評分標準。結果有個學生以很快的速度交卷，並得到了最高分。他在一本幾頁的答題本的最後一頁，只寫著一句話：「這就是風險。」這個故事後來也發展出其他版本：「何謂勇氣？」、「何謂膽量？」這個故事後來還被拍成電影，鼓勵學生獨立思考，發揮創意，對思考後所付諸的行動，還要勇於承擔行動的風險。當然，只有第一個人是勇氣，其他就是毫無創意的重複和模仿。

法國高中哲學教育的要點

　　如果你真的相信「何謂風險？」是法國高中哲學會考題目，可能就小看了這個背後的規畫，因為台灣國小一般作文的考題，也可以出這樣的題目。

　　先看一下2015年「人文」、「科學」、「經濟社會」與「科技」四組的考題，每組都有兩題論文寫作加上一篇文本分析。分別如下：

【人文組】

論文寫作

第一題：尊重所有活著的存在，是一種道德義務嗎？

(Respecter tout être vivant, est-ce un devoir moral?)

第二題：我是我的過去所造成的嗎？

(Suis-je ce que mon passé a fait de moi?)

文本分析：托克維爾《論美國的民主》節選，1840

【科學組】

論文寫作

第一題：藝術作品一定要有意義嗎？

(Une œuvre d'art a-t-elle toujours un sens?)

第二題：政治可以迴避人們對真實的要求嗎？

(La politique échappe-t-elle à l'exigence de vérité?)

文本分析：西塞羅《論占卜》節選，公元前1世紀

【經濟社會組】

論文寫作

第一題：個體的意識只是所處社會的反映？

(La conscience de l'individu n'est-elle que le reflet de la société à laquelle il appartient?)

第二題：藝術家的創作是可被理解的？

(L'artiste donne-t-il quelque chose à comprendre?)

文本分析：史賓諾莎《神學政治論》節錄，1670

【科技組】

論文寫作

第一題：文化造就了人類？

(La culture fait-elle l'homme?)

第二題：人若不自由也可能幸福嗎？

(Peut-on être heureux sans être libre?)

文本分析：休謨《人類理解論》節錄，1748

光看題目的深度或難度與多樣性，便讓人好奇這些題目基於什麼樣的「課綱」，或是根據什麼課程內容的編排。什麼樣的教學過程，才可以使學生知道如何作答？由於法國教育部提出一綱，加上考試，法國坊間充滿著琳瑯滿目的哲學教材，這個哲學課綱訂立著重在五大主題、哲學家、重要的觀念區辨（▶參見文末「法國高中哲學課綱」）。

法國高中哲學教育的重點可分為「觀念」與「作者」兩部分。在觀念方面，「普通會考類別」主要分為五大範疇：主體（自我認識）、文化、理性與真實、政治、道德。透過這些基本概念，再擴大延伸出如平等、感覺、欲望、語言、宗教、表現、國家或義務等觀念的思考，再根據不同學科斟酌的比重。除了觀念，學生也須研讀作家或哲學家的作品，畢竟閱讀這些作品對於了解哲學十分重要。課程提供了會考範圍的哲學家清單，裡面共有57位作者，從時期來分，可分為「古希臘羅馬到中世紀」（從柏拉圖到奧坎，共15位作者）、「現代」（從馬基維利到康德，共18位作者）和「當代」（從黑格爾到傅柯，共24位作者）等三個時期。除了古代到中世紀很難用現代國家的概念來區分，現代、當代兩個時期的42位作者中，有19位是法國人、10位是英國人（或以英文著作）、9位德國人，以及4位歐洲其他國家的作者。

法國高中哲學教育不從哲學史教起，而是注重問題意識的發現、對定義深入探討，並強調正反論理的過程。哲學於是成為跨越人文學科的基礎知識，以及培養公民思考能力的教育。法國的教科書出版業者便根據上述原則逐行撰寫，這冊法國高中哲學─主體篇即是這五大主題其中之一。

本書是怎麼編排的？

「主體」一詞，很少用在哲學以外的日常用語中。從中文拆開來看，意思似乎既是自己「作主」，又是作為基礎的「實體」，或是我們也會想到台灣常談的「主體性」，而此處意思則等同於自主性。不過，究竟什麼是主體，意義依然是模糊的。我們暫時可以先以「主體」作為「自我」的代名詞，然後再去區辨兩者的差異，再去思考圍繞著主體一詞所提出來的所有相關問題。這本書則從「意識與無意識」、「知覺」、「他人」、「欲望」、「存在與時間」去思考「主體」所涵蓋的範圍。細看本書的編排結構，從「一般看法」和「思考之後」兩種看法的對比開始，因為，思考起於對於生活周遭以及刻板印象的反省。接著試圖找出「定義」，再從定義找出「問題意識」，並在整個陳述的脈絡中，不斷點出「關鍵字區分」。從幾個大問題中，再細

分出幾個更小的問題，藉著哲學家不同觀點的「引文」，一方面回到原典閱讀，另一方面，閱讀是為了分析這些觀點的「論據」。因此，面對哲學家，他們並非被當作大師來膜拜，因為盡信書不如無書，偶像崇拜不是教育的目的，這些哲學家的文本，只是作為思考時正反意見的參考，並用來擴充我們思考時的深度與廣度。接著，再從「進階思考」、「延伸思考」，更廣泛地去思考「我是誰」在當下的現實處境，並思考主體在面對不同衝突時，如何還能保有自我、成為自己，並輔助以電影、繪畫、歷史、新聞報導、文學等不同例子，從而再次深化問題意識，以便讓哲學的反思能夠進入某種具體情境中來思考。

比如說：在「一般看法」中，人擁有意識、是自己的主人，似乎不辯自明。相較外在事物作為客體、對象，人是可以意識到外在世界的主體，人可以對自己是誰、自己欲求的是什麼，有完全的把握。然而，在「思考之後」，我們發現，人除了具有意識、有感受、有欲望，也容易受到外在世界影響、左右、引誘，因此難道不應該進一步質疑「真的有所謂的那個可以做主的自己」嗎？人隨著時間而改變，從出生到年老，每個階段都不一樣，那麼到底哪個階段的我才是真正的我？有沒有一個不變的我？如果找到這個不變的我，是否就會排除每個時間中變化的我？還是如沙特所說的，「我不是我所是，我是我所不是」？如果「我是誰？」變得可疑，我們是否還可以這麼確定地說「人是主體」？或許應該說「主體不過是一種幻覺」？我們是否可以如此「確定」著我們的「懷疑」？儘管我們並不確定主體是什麼，意識、欲望、偏見、幻覺、決定的發生，卻反過來證成必定有個發生的場域，進而必須設定一個感受與知覺的基礎、一個行為發動的來源，這個基礎和來源，我們就稱為「主體」（儘管我們還可以繼續追問這個基礎的基礎、來源的來源、主體的主體）。就如同笛卡兒所說的，我懷疑一切卻不能懷疑那個正在懷疑的我。只

不過，這個「我在懷疑」的事實，雖然在思考形式上肯定知覺和行動的發生需要有個所在，但這也可能只是一個缺乏內容、形式化的空洞主體。

主體是未完成式

要由自己來定義「我是誰」似乎沒那麼簡單。我們以為自己清晰地了解到自己是誰，但這種清晰本身就值得質疑，因為我們無法察覺自己被壓抑的那一面，還忽略了時時刻刻影響著自己的他人。當我們活在朋友、父母、長輩、權威的眼光中，以至於有時為了符合他們的期待，任由他們決定我可以是誰。即使四下無人之際，還是有他人的看法、評價，深深影響著我的自我認知，以及我應該要欲求什麼。甚至把不是自己的欲望當作缺乏，藉由滿足他人的眼光來迴避自己，讓我們充滿驕傲的自我其實充滿著他人的欲望，以至於把「可有可無」的欲望轉換成生命上的「不可或缺」。

面對欲望，有人主張要節制自己的欲望，但是究竟是為了什麼而節制呢？節制的目的或許不是為了節制而節制，而是透過節制，發現自我控制以及一種自主性的表徵。因此，節制不只是單純的禁止和壓抑，而是要透過節制，清楚地知道什麼是我要的，什麼是我不要的。在盡情享樂、失去控制時，我們是否還能擁有自我？我們在購買一個東西時，不只是為了擁有那個東西，而是這個物品還可能代表著購買者的自我認同，甚至透過占有行為向他人標榜自我。弔詭的是，當商品廣告告訴你要「忠於自我」盡情消費時，這個時候的欲望還是「我的」欲望嗎？我們購買了流行商品、跟他人擁有相同的東西時，是否還可以炫耀自己的與眾不同？我們活在一個鼓勵消費、創造欲望的體系，更令人困擾的是，我們是否活在想得到卻得不到，一種想獲得的狂飆當中，卻在得到之際，馬上感到索然無味，因而不斷處在這個欲求與失望的輪迴當中？

自我本身就是所有力量衝突的所在，自我可能被所有的力量拉扯而撕裂著，但是主體問題不會因此而結束。主體可以反思：在辨識不是我的事物上，在拉扯的關係中，發現著那個帶有意識、欲望、警醒的自我。面對自我不是對過去永無止境的追悔，或是虛妄地追求一個空洞的自我本質，從而自我癱瘓，最後活在懦弱與懶惰所共構的自欺中。因此對主體的思考，不會停留在空洞形式上的既定存在，主體需要面對自我的限制（無意識、他人、欲望的影響），需要在時間中去發現意識得到或意識不到的欲望，透過盡可能感知生命與行動而充填其存在，藉由反思自我與他人之間的真假關係，才可能創造出一個面對過去時，活在當下、籌畫未來的我，一個可能屬於自己的自我。既然如此，那麼我們是否還可以簡單地說自我是既定的、命定的？自我難道不是一種任務？自我難道不是待完成的、需要行動、需要創造？

這些對主體的反思，在人開始思索質疑周遭發生的現象以及既定價值時，就會開始發酵。我們可以停留在「反正什麼都一樣」的相對論當中，當然也可以透過這本書的「問題意識」，進一步以正方、反方思考人性或共同生活中必然觸及的問題及價值，以及可行的解決之道。不同觀點能提供參考，破除一些邏輯上的矛盾，但真正的答案還是屬於願意思考的人。

法國的哲學教育，台灣適用嗎？

法國高中哲學會考是否適用於台灣？一看到「考試」二字，我們便不免擔憂這種四小時的哲學寫作會考，在台灣現行的教育體制下，對學生的負擔是否會太重？會不會因為考試而變成另一種強迫式的八股答題文化？然後還要上補習班，才能通過會考？是否可能揠苗助長，反而讓人對經典閱讀失去興趣、對哲學思辨望之卻步？法國高中哲學會不會是一種外來

思想的移植？而這種思想的自我殖民是否有其必要？

這些問題都是有意義的。但面對台灣的教育，我們還是可以反省，現行高中人文教育是否輕忽高中生閱讀經典與思辨的能力？另外，如果哲學能作為豐富高中人文學養以及視野的參考，將之排除在高中課程之外又豈不可惜？試圖在高中階段注入人文思想的有志之士，可以思考的是，如何在不增加學業或考試的負擔之下，調整哲學課程的時數比例，或是把哲學融入歷史、公民、地理等人文課程，鼓勵閱讀、反思和想像。這系列的書只是「文化視野的參考」，台灣高中哲學教育也確實不能以法國思考為標準，而是應該鼓勵台灣這一代優秀的大學教授和高中老師自行撰寫。只有他們才會回到台灣自身環境來思考，才可能豐沛下一代的人文素養。

儘管法國高中有哲學教育，但它並非萬靈丹，也無法負擔全部的教育責任與後果。如果可能，它或許能培育傾聽、求證、參考不同意見後的反思態度，至於思考深刻與廣度，還是繫於個人的反思能力。看著學生或孩子天真的臉龐，其實他們擁有一顆趨向成熟的心靈。當大人跟他們說「不要想太多時」，他們很可能眨著眼，微笑看著你（心中反駁著：「是不是你想太少了啊？」XDD）。

感謝

這本書的出版因緣，特別要謝謝我在比利時魯汶大學留學時所結識的宋宜真小姐的堅持與耐心，她願意在坊間已經有許多哲學普及讀物之際，還願意請在法國巴黎留學的魏聰洲先生將許多版本的法國教科書寄回台灣，由我任選一本，然後找人翻譯成中文。不知好歹的我，選了一本高達六百頁的教科書（將會陸續分成五冊出版）。當初之所以選擇較厚重的版本，是因為商業或考試用途的書大多輕薄短小，無法看到法國在教學現場許多高中老師在

編排哲學教科書的企圖與選材上的豐富性。當然更要謝謝總編輯賴淑玲小姐的氣度與識見，不計成本、不做短線市場操作，在焦慮中耐心地包容譯者和審定者的龜毛與拖稿。

這本書的目的也不是原封不動地「移植」西方哲學的教材或教法給台灣的高中生或老師，只是希望作為台灣未來哲學教育「參考」的文化視野。它同時也是給「大人」看的。只要一進入這本書，就會發現，我們可以為自己的下一代做得更多。台灣目前已經有許多人對哲學普及教育進行推廣、引介、原創等哲學寫作，如議題最廣泛的公民論壇「哲學星期五」（2016年整年在台灣、美國、歐洲各地，總共辦了331場論壇活動）、台灣高中哲學教育推廣學會（PHEDO）在南港高中的人文課程，並在教育廣播電台籌辦「哲學咖啡館」節目，以及「哲學哲學雞蛋糕」、「哲學新媒體」和「哲思台灣」等媒體或平台。還有年輕一代的台灣學者更以哲學知識，直接回到台灣公共議題論辯的努力，所共同推動的哲普教育「沃草烙哲學」，2017年「民視台灣學堂」開設的哲學節目（如「哲學現場」或「哲學談淺淺地⋯」），使得向來被視為偏僻冷門的哲學，進入主流媒體之中。這些耗費心力卻難得的嘗試，也是為找出適合於台灣多元文化的本土高中哲學教育。這套《法國高中生哲學讀本》全系列共五本的分冊翻譯出版過程中，見證與加入了這個運動的行列中，也在推動台灣高中哲學教育以及在台灣人民的自我啟蒙的歷程中，共同努力、加油、打氣。

謝謝哲學星期五策劃人之一的廖健苡小姐、PHEDO祕書長梁家瑜先生，願意耗費大量心力翻譯這本「結緣品」。不論他們是否因交友不慎而誤入歧途、擔任翻譯的苦主，我更珍惜的是他們低調的使命感，使得筆者在校稿上輕鬆不少。感謝主編宋宜真、官子程，在仔細閱讀後的提問、盡可能照顧一般讀者，在字詞用語上的仔細斟酌，讓文句盡可能通順好讀。

最後，這本法國高中哲學教科書主體篇許多的經典引文，都是根據已有法文譯本，而中文版盡可能參照原文（希臘文、拉丁文、德文、英文）。這本翻譯得助於PHEDO的協助，而在審校過程中，除了原文是法文由筆者進行校稿，要特別謝謝輔大哲學系諸多同事以及許多老師的義務幫忙：尤其是張存華教授協助書稿中大量關於康德德文的比對校正；黃麗綺教授協助書稿中份量頗多的尼采與叔本華德文比對校正；陳妙芬教授協助黑格爾的德文以及塞內卡、奧古斯丁、馬可・奧里略等拉丁文的比對校正；劉俊法教授協助笛卡兒、萊布尼茲的法、德、拉丁文等的比對校正。正是他們的無私和由於他們學養的挹注與義助，才讓這本書有增色不少，也具有更多參考價值。當然，審校後的文責由我承擔，與這些拔刀相助的苦主無關。大學以來，在知識上啟發與教導許多的丁原植與林春明兩位老師，以及在學思過程提醒幫助的邱建碩、傅玲玲兩位學長姐，都讓我對他們感念再三。在此，向他們所有人的友誼與熱情，致上最深的謝意。

法國高中哲學課綱

觀念

人文組（Série L）	經濟社會組（Série ES）	科學組（Série S）
主體（Le sujet）	**主體**（Le sujet）	**主體**（Le sujet）
意識（La conscience）	意識（La conscience）	意識（La conscience）
知覺（La perception）	知覺（La perception）	知覺（La perception）
無意識（L'inconscient）	無意識（L'inconscient）	欲望（Le désir）
他人（Autrui）	欲望（Le désir）	
欲望（Le désir）		
存在與時間（L'existence et le temps）		
文化（La culture）	**文化**（La culture）	**文化**（La culture）
語言（Le langage）	語言（Le langage）	藝術（L'art）
藝術（L'art）	藝術（L'art）	勞動與技術（Le travail et la technique）
勞動與技術（Le travail et la technique）	勞動與技術（Le travail et la technique）	宗教（La religion）
宗教（La religion）	宗教（La religion）	
歷史（L'histoire）	歷史（L'histoire）	
理性與真實（La raison et le réel）	**理性與真實**（La raison et le réel）	**理性與真實**（La raison et le réel）
理論與經驗（Théorie et expérience）	論證（La démonstration）	論證（La démonstration）
論證（La démonstration）	詮釋（L'interprétation）	生命（Le vivant）
詮釋（L'interprétation）	物質與心靈（La matière et l'esprit）	物質與心靈（La matière et l'esprit）
生命（Le vivant）	真理（La vérité）	真理（La vérité）
物質與心靈（La matière et l'esprit）		
真理（La vérité）		
政治（La politique）	**政治**（La politique）	**政治**（La politique）
社會（La société）	社會與交換（La société et les échanges）	社會與國家（La société et l'État）
正義與法律（La justice et le droit）	正義與法律（La justice et le droit）	正義與法律（La justice et le droit）
國家（L'État）	國家（L'État）	
道德（La morale）	**道德**（La morale）	**道德**（La morale）
自由（La liberté）	自由（La liberté）	自由（La liberté）
義務（Le devoir）	義務（Le devoir）	義務（Le devoir）
幸福（Le bonheur）	幸福（Le bonheur）	幸福（Le bonheur）

作者

古代 中世紀（15人）	現代（18人）	當代（24人）
柏拉圖 PLATON	馬基維利 MACHIAVEL	黑格爾 HEGEL
亞里斯多德 ARISTOTE	蒙田 MONTAIGNE	叔本華 SCHOPENHAUER
伊比鳩魯 ÉPICURE	培根 BACON	托克維爾 TOCQUEVILLE
盧克萊修 LUCRÉCE	霍布斯 HOBBES	孔德 COMTE
塞內卡 SÉNÈQUE	笛卡兒 DESCARTES	古諾 COURNOT
西塞羅 CICÉRON	巴斯卡 PASCAL	彌爾 MILL
艾比克泰德 ÉPICTÈTE	史賓諾莎 SPINOZA	齊克果 KIERKEGAARD
馬可‧奧里略 MARC AURÉLE	洛克 LOCKE	馬克思 MARX
塞克斯都‧恩披里克 SEXTUS EMPIRICUS	馬勒布朗士 MALEBRANCHE	尼采 NIETZSCHE
普羅丁 PLOTIN	萊布尼茲 LEIBNIZ	佛洛伊德 FREUD
奧古斯丁 AUGUSTIN	維柯 VICO	涂爾幹 DURKHEIM
阿威羅伊 AVERROÈS	柏克萊 BERKELEY	胡塞爾 HUSSERL
安賽爾莫 ANSELME	孔迪亞克 CONDILLAC	柏格森 BERGSON
阿奎那 THOMAS D'AQUIN	孟德斯鳩 MONTESQUIEU	阿蘭 ALAIN
奧坎 OCKHAM	休謨 HUME	羅素 RUSSELL
	盧梭 ROUSSEAU	巴舍拉 BACHELARD
	狄德羅 DIDEROT	海德格 HEIDEGGER
	康德 KANT	維根斯坦 WITTGENSTEIN
		波普 POPPER
		沙特 SARTRE
		鄂蘭 ARENDT
		梅洛－龐蒂 MERLEAU-PONTY
		列維納斯 LÉVINAS
		傅柯 FOUCAULT

關鍵字區分（Repères）：從上面大觀念而來，更準確的觀念群組（根據ABC為序）

絕對（absolu）/相對（relatif）；抽象（abstrait）/具體（concret）；實現（en acte）/潛能（en puissance）；分析（analyse）/綜合（synthèse）；原因（cause）/目的（fin）；偶然或偶發（contingent）/必然（nécessaire）/可能（possible）；相信（croire）/知道（savoir）；本質（essentiel）/偶然或偶有（accidentel）；解釋（expliquer）/理解（comprendre）；事實（en fait）/法理（en droit）；形式（formel）/物質（matériel）；類（genre）/種（espèce）/個體（individu）；理想（idéal）/現實（réel）；同一或相同（identité）/平等或等同（égalité）/差異或不同（différence）；直覺（intuitif）/論理（discursif）；合法（légal）/正當（légitime）；間接（médiat）/直接（immédiat）；客觀（objectif）/主觀（subjectif）；義務（obligation）/限制（contrainte）；起源（origine）/基礎（fondement）；說服（persuader）/信服（convaincre）；相似（ressemblance）/類比（analogie）；原則（principe）/結果（conséquence）；理論（en théorie）/實踐（en pratique）；超越（transcendant）/內在（immanent）；普遍（universel），一般（général）/特殊或特定（particulier），個別（singulier）

推薦序｜高中哲學教育的視野——思考那不被思考的事情

「主體」與「主體性」
──關於人之所以為人的哲學探討

文｜葉浩（政治大學政治學系副教授、台灣高中哲學教育推廣學會常務理事）

具有自主意識的行為主體

去年六月，美國一起性侵案引起社會譁然。被告是史丹佛大學高材生也是全美游泳健將特納（Brock Allen Turner），他宣稱自己犯案當時喝得太醉「沒有任何意識」，但對方是清醒的，更何況她並「沒有反抗」，就應該算是同意。他父親也在審判之前寫信給法官，理直氣壯地說他的兒子活了二十年，不該僅僅因為「二十分鐘的行為」而毀了一輩子。辯護律師則不斷提醒陪審團，「我們唯一能相信的人就是被告特納，因為她（受害者）回想不起來。」法官最後同意了他們的辯解，主張被告受了酒精的影響所以「道德過失較輕」，而且在媒體強烈關注之下已經嚴重焦慮，輕判可當作一種「解藥」，因此只判了六個月的刑責。

受害女大生出庭時當著被告唸出一份七千字的聲明，提及自己醉到不省人事遭到性侵之後醒來的感受：「水不斷流下，我站著檢視自己的身體，打算不要自己的身體了。我嚇壞了，我不知道裡面有過什麼東西，不知道是否已經遭到玷污，誰碰觸了它。」針對被告的辯解，她則說：「酒精不能當藉口。酒精算不算是誘因？算。但酒精沒有脫掉我的衣服、染指我、在我近乎全裸下抓著我的頭撞地。我承認喝太多是我不該犯的錯誤，但這不是犯罪。」此外，她也提醒陪審團，雖然被告年紀尚輕，沒有前科，但年滿十九歲應該足以知道自己鑄

下什麼大錯，且必須付出相應代價。

這個案例的核心，正是本書的主題「主體」（sujet）與「主體性」（subjectivité），也就是人之所以為人的特殊屬性。首先，被告訴諸「失去意識」，不外是為了凸顯自己犯案當時沒有自主意識，因此無需為期間的行為負責。採取這種辯解，無非是認定在談及道德或法律責任時，必須預設咎責對象是具有意識與選擇自由的行為主體，如果能證明他犯案當時失去了這種「主體性」，相應的責任也遞減。

本書的第一章正是以「人在什麼時候才算是個主體？」作為切入點，展開關於**意識**、**感知**以及**行動能力**的討論，並藉此釐清這些能力與人之所以為「人」的概念關係，亦即：唯有人才具有主體性，而且每個人都占據了一個獨特、無可取代的**視角**來感受這世界，因此**主觀性**既是人的自我構成之必然，也彌足珍貴，可謂人的尊嚴之所在。當然，隨之而來的問題是：如此的主觀性是否代表我們必然囚禁於自身觀點，無法取得對於外在世界的**客觀**理解？第一章的後半於是引入了一連串關於我們與自己、他人、世界的問題，替本書界定了討論的範圍與思考層次。

第二章接著聚焦於「意識」的討論。上述性侵案的爭議關鍵在於意識與責任的關係，法庭的攻防焦點也在於：一個失去意識的人，是否可視為「另一個人」？正如被告所辯解，那個犯案當下因為酒精而失去意識的自己，根本不

是他本人。反方則強調，那個喝醉酒的特納仍舊是特納，更何況，當時喝醉的人很多，為何獨獨這一個人來性侵她？失去意識，酒精，年紀，都不該作為脫罪的藉口。這是個關於「同一性」(identité) 的古老問題，爭辯仍持續中。此外，也如同受害者醒後的陳述所示，歷經創傷之後的她似乎無法再接受自己，也恨自己的身體。身體、意識，或說根植於身體經驗與的自我記憶，跟當事人的關係其實相當複雜。

如果資深媒體人泰勒 (Chris Taylor) 所言正確，事實上「在二十分鐘的時間裡，人類大概有兩萬次的自我意識機會，從他把受害女性放倒在垃圾桶、撩起襯衫、掀起裙子……到對她進行侵犯，把人當成布娃娃一樣對待，甚至在別人制止時試圖逃跑，他絕對是有足夠的自我意識。」換言之，每一個動作本身是否具有自我意識，是否都涉及判斷與意志，抑或可以是沒有意識的行為，也是關鍵。本書第二章也深入討論了**無意識**與自我的關係。

如果我們深究一下上面關於「布娃娃」的說法，也會發現泰勒的重點不僅在於被告不可能沒有意識，也在於他不把受害人當作一個「人」來對待。事實上這也關乎主體以及主體性的另外兩個面向：（一）被告能否**感受**到他性侵對象的痛苦與掙扎，以及（二）把「人」當作「物」來對待，是從根本否定了她身為人的尊嚴，否定了她身為人才具有的主體性。這也是本書接下來兩章分別討論的主題。

對外在世界的認識

第三章著重於**感官知覺**的一般性討論，但也特別關注了「疼痛」感受的真實性。例如，知覺是否等同知識？透過知覺感官來認識世界是否可靠？畢竟，知覺乃經由身體所獲得的主觀感受，究竟多大程度上可算是客觀認知，也是個問題。透過這些關於人們如何認識到**外在世界**的討論，包括以何種方式或哪些感官來感受，本章抽絲剝繭地分析了人類知覺上的主觀

與客觀性，也藉由聚焦在疼痛的感受上來進一步釐清，認知過程之中人的**主動預期**與**被動受到外在刺激**兩者的差異與關聯，進而質疑：作為不同主體的人們在多大程度上可以取得主體之間能共同感受到的客觀性，也就是「互為主觀性」(l'intersubjectivité)？事實上，這不僅涉及了如何感受的共通性，也關乎藝術的可能性。其核心議題包括：藝術家感受到世界的方式是否不同於常人？藝術家如何透過利用、誘導或改變我們的知覺來達到創作的目的？知覺感官能否訓練，又要如何鍛鍊？

當然，關於人們如何認識外在世界的討論，很快會涉及「物」與「人」這兩種認知對象的根本差異，亦即在認識方法上以及涉及的知覺感官上的不同。無論如何，關於他人的知覺與認識，絕不僅止於知識上的旨趣，因為那也涉及了道德層面。本書第四章正是從這角度切入了主體性的另一個面向：「他人」在何種意義上可被視為「另我」(l'alter ego)？就此而言，能否感受到他人的疼痛或受苦，是問題的關鍵。所謂的「同情共感」(sympathie)，字源上剛好是希臘文的「一起」(syn) 與「痛苦」(pathein) 之結合，也是本章的核心概念。我們如何藉由他人來認識自己？他人的存在是否為道德的基礎？我們能否視他人為「手段」，還是必須視他人為「目的」？這些都是關於人是否（必須假定）為一個「道德主體」的關鍵問題。

回到原先討論的案例，其實受害者所控訴的，也包括加害人缺乏感知他人痛苦的能力，同時不把她視為主體來對待。如此粗暴行為所產生的傷害，雖然「隱而不見」，但卻「如影隨形」，因為那徹底剝奪了她的價值、隱私、親密關係，以及她當自己的一切可能！然而，如何鍛鍊人們感同身受的能力，或說是道德敏感度，而把他人視為跟自己一樣平等的主體，甚至（以受害人的話來說）在看見一位女子醉倒在地上時，可以上前去攙扶，幫她把衣服穿好，而不是認為有機可趁，然後逞一時之快，其實也涉及了如何克制欲望的問題。

不做欲望的奴隸

這問題正是第五章的核心。事實上，受害者的控訴已指出了欲望與主體性的兩種關聯性。一來，一個人能展現出主體性，就在於不讓自己淪為欲望的奴隸。二來，克制欲望也是社會可以對十九歲成年人的正常期待。當然，欲望與主體性的關係並不僅止於此。本章同時還討論了欲望的本質與來源（例如來自於必然的生物性或偶然的社會因素），欲望的滿足與人生幸福之間的關係，以及欲望與意志應該有的從屬關係。此外，討論也來到了人們如何看待欲望的一種集體心態，也就是文化。第五章便觸及了資本主義消費文化的缺失，並藉此引入了另一個重要命題：人們追求欲望的滿足，或許不是為了**擁有**某物，而是想成為一種特定的**存在**（être）？

無疑，人是社會性的存在，因此消費某程度上是為了建立自己在他人眼中的地位。不過，這命題背後其實是關於人類作為一種特殊存在，以及這種存在的本質之探索，同時涉及了底下幾個核心問題：所謂的「活著」究竟意味著什麼？是在時間之中的持續存在？與其他物體存續的方式有何本質上的差異？

本書最後一章不可迴避地探討了這些相當根本且困難的**本體論**問題，而且以「時間」概念貫穿其中，一方面探究時間是否為人類的感知結果，是否只是對於變化的意識，而非獨立於人類知覺感官之外的真實存在；一方面質疑人類能否跳脫時間的框架來認識這個世界。當然，這也關乎有限的人類能否進入沒有時間的領域，或說一種非時間性的「永恆」存在。至此，關於「上帝」、「死亡」、「自由意志」等各種哲學概念也接踵而來，不僅抽象、亟需多次反芻才能確切掌握，且各自充滿歧異，而略微不同的界定或理解，亦可能構成差距甚遠的世界想像。

無論如何，本書對法國高中生或身處台灣的你我而言，肯定是一場思想的饗宴。其內容的開展在思維層次上從具體走向抽象，範圍上則從個人逐漸擴大至世界，始於關於自我意識的討論，接著進入如何感知他人與外在世界的認識論議題，最後才來到了關於存在與時間的形上學領域，一層層掀開主體性的面紗。然而，本書的目的絕對不是呈現琳琅滿目的抽象概念，而是為了讓讀者透過這些概念來反思自我以及自己與他人乃至世界的根本關係。筆者以為，這不僅有助於我們深度理解類似本文提及的具體案件，也能培養讀者建立自身的主體性和自我觀點，不讓自己受制於欲望，不隨波逐流，甚至懂得尊重異己並同情和理解他人的痛苦，成為真正的道德主體。或許，這也是高中哲學教育的推動宗旨。

【推薦序】

讀哲學的前提是什麼？
── 當我們讀哲學時，我們讀到什麼？

文｜曾瑞明（香港中文大學哲學系兼任講師、中學教師）

筆者的學士、碩士和博士學位，都是讀哲學，主要研究興趣是倫理學和政治哲學。機緣之下，也在中學擔任通識教師，亦教國際文憑大學預科課程（International Baccalaureate Diploma Programme）的「知識論」（Theory of Knowledge），生活和工作都算是跟思考教育緊密連結上了。我稱之為「思考教育」而非「哲學教育」，當然是因為我「游移」的背景。我更願意定位自己為一個植根於哲學，但相信思考有更多面向和可能性的「學習者」（learner）。

因此，每當有人興奮地用法國哲學考試來比較香港的通識教育考試時，我往往謹而慎之。我們或許會讓時尚氣息濃厚的法國醺得醉醉的，也可能會被「哲學」那深遠知性的形象喚起膜拜的指定動作。但作為一個在教育現場中衝鋒陷陣的教師，我更關心的問題會是──哲學教育是怎樣發生的？

「異化」了的教育

記得為了推廣我有份參與的「教育工作關注組」的新書，我們曾邀請在法國留學的戴遠雄先生為我們講一個講座，分享他近年從法國的哲學教師及教材瞭解的哲學科全貌。我們的目的，也是抱著「他山之石，可以攻玉」的心態。不過，我們也關心這些問題：考試制度之下，學生如何看待哲學；法國哲學考試的文本對高中學生來說，是否太深；學生會否以背誦或者「罐頭答案」方式作答；他們會如何看待教科書，會否將正反立論變成各打五十大板……

要回答這些問題，無疑要對法國教育和社會現況作深入探討，才能判斷法國哲學考試的成與敗，或者能否移植到我們身處的社會。我們關心的問題當然是我們社會意識的反映：身處一個功利是尚的社會，讀書往往只是為了升學，看不到學習有自足價值或者可以是一種享受。再高尚、再美好的教育理念或者材料都可以異化，甚至會淘空了當中的樂趣。

舉一個例，香港學生本來有「課外活動」，讓他們無憂無慮地選擇自己的興趣，去玩、去學。但在新的高中課程之下，多了一項「其他學習經歷」（other learning experience），作為報讀大學其中一項條件。顯著效果是，人人都按要求「全面發展」。不願看到的真相是：學生被「異化」成只是為了獲取這些「其他學習經歷」的時數而參與活動，教師則疲於奔命，成為了教育會計師、核數師。

以上所說，當然是作為任何在「學校體系」教授哲學的警惕。事實上，筆者也嘗試在中學課外辦哲學學會，有一些體會和觀察，可以分享。

來自教學現場的觀察

首先，對哲學有興趣往往都是一些成績較

佳，必定是較有耐心、愛挑戰的學生。引申的問題當然是先有雞還是先有蛋。哲學可以培養人的耐心和思維勇敢，但也要有這種條件的學生才能進入哲學學習裡啊。

第二，學生往往停留於聽「學說」，像收集一些談資那樣。如何能培育出哲學思考的能力和氣質，是「做」哲學，而不是「讀」哲學？不過，更關鍵的問題是，培育「做哲學」的人，是為了什麼？

第三，什麼問題才是他們關心，應該關心的？我們常有一種誤認，以為哲學史上重要的問題，或者經典的問題，就會是這些十多歲學生關心的問題。與其談人生意義，他們更關心情愛。一本正經談心物二元，直覺強烈的他們只覺好笑。談良知性善，他們說老師也許太沉重。

我不是說這些問題沒有價值，但要將這些價值「打入」年輕人的內心，或者更以年輕人視點看哲學，會是一個很有挑戰性的課題。

最後，就是哲學家和「我們」的關係。為何我們要跟哲學家學習？他們比我們更了解人生或者世界，還是因為他們成功地創構了一些「學說」？學生很容易服從權威，一個接一個的哲學家，很容易地造成引經據典的習慣，而非和哲人同思同議的水平。事實上，即使筆者已取得哲學博士學位，要和哲人們打交道，亦感到相當困難。

教哲學不一定就是等於教思考，這是我想強調的。《法國高中生哲學讀本》系列當然是一本上佳的參考書。我會視之為參考書，而非教科書，是因為我認為如何教導學生思考仍有大量開山闢石的工作。雖然，在我心中，老師不應該承認教科書存在的，否則他就承認了自己的可有可無。

我能夠認識並主宰自己嗎？

這一冊《法國高中生哲學讀本》的主題是：「建構自我的哲學之路」。「認識你自己」，

相傳是刻在德爾斐的阿波羅神廟的三句箴言之一。無論在柏拉圖或者是 Aeschylus 的筆下的蘇格拉底，都是以「Know thyself」作為他討論哲學的原則。「我」在這世界之中，但「我」又可以被凸出在世界之外。我能意識自己的存在，也能意識到客體和其他主體的存在。

我這樣說，當然是簡化了整個漫長艱深的討論。在笛卡兒哲學體系裡，客觀和其他主體（甚至都可被視為客體）被懷疑，而只有作為在思考中的思考主體是存在是肯定的。這在哲學上產生了「其他心靈」(the problem of other mind) 的問題，我如何肯定在我身邊的同事不是沒有心靈的喪屍（zombie）？如果只有我的存在是被肯定，我如何不會將其他人視為物？這又成了倫理學的問題。這當中也有知識論的考慮，「主體」怎樣確定自己的信念、思想是對的？這必然要又要回應世界，和世界有一種符合／對應的關係。

書中的提問正是回應主體如何「客觀化」這問題。要達到客觀，主體應該排除那些可能介入自身與客體（對象）之間的東西，主體可以藉由諮詢他人而達到客觀性，主體在採納普遍觀點而非特殊觀點的條件下，可以做到客觀。這對當下「自以為是」的「ME 世代」來說，看來會有相當衝擊。

但在哲學上最刺激的，莫過於挑戰主體存在的思想。尼采是當中的佼佼者。在他眼中，「我」是由身體做過的事構成的。是這個身體構成「我」。當中可以充滿衝突、不一致，而沒有清晰的統一體——主體的存在只是個不確定的假說。

又回到那個原初問題：「我」到底是什麼？

意識是認識自我的重要途徑，而知覺則是我跟世界的聯繫方式。不過，讀者更要留意第四章「他人」。也許筆者多受英美哲學訓練，這本法國哲學讀本展現的歐陸哲學風格顯得特別亮眼。

「他人是另一個我自己嗎？」、「若沒有他人，我們還會是我們自己嗎？」這些問題其實

揭示了哲學教育本身就是一個人的塑造。為什麼這樣說？因為如果順著笛卡兒哲學的思路，我們永遠走不出主體—客觀的格局。我們只是不斷去證明那客觀的外在跟我很多相似，從而推論他／她應該也是主體。來來去去，「我」始終是孤獨的、在社會之外，在世界之外。社群主義者、浪漫主義者，或者書中提到的鄂蘭，都提示我們「只有面對他人，我們才會展現自己的樣子」，或者如列維納斯所說「這張臉孔的脆弱禁止我殺人」，「我」其實是在世界之中，「我」其實是被世界塑造，「我」是被世界規範著。

筆者無意在此判別誰是誰非，我只想指出偏狹的哲學教育可以很危險。但正如我一再強調在教室裡，教師其實擁有（也應該擁有）最大的權力，他／她如何調動各種思想，或者呈現哲學問題。其實也在塑造一個一個的「自我」。保持心靈的無限開放，享受書中各種不同風格不同派別的哲學文本，這也就是蘇格拉底詰問的最終目的：「認識你自己」。

重點在於，教師的思考

這一冊《法國高中生哲學讀本》，和之前兩冊一樣，有相同的格式，例如「一般看法」vs.「思考之後」，有點類似俗見vs.真理之分。但有一個問題是思考之後的看法為何會比一般看法更「優勝」？這本身是一個哲學問題，倫理學家威廉士（Bernard Williams）便曾批評「反思毀滅知識」（reflection kills knowledge）。意思是第二序的「知識」只是在另一層次，不代表我們可以放棄第一序的知識，比如心理學等經驗知識塑造我們自我的理解。反思，也不可以是無休止的。如何學習拿捏分寸？這正需要教師的智慧。

本書「從定義找問題意識」是可行的做法。但我在「知識論」的課堂上也常提醒學生應該先了解題目才找相關定義，而不是在字典找一個定義來作文章。當然，本書中的「定義」往往非常豐富而具有啟發性，能引發討論。

書中的「問題思考」列出了不同的觀點，清晰可讀。但學生往往容易把他們看成point，而忽略了觀點與觀點之間的互動、張力，或者孰輕孰重。哲人看法當然精彩，如何說明要跟康德、黑格爾和卡繆學習？如何讓學生了解他們為何會這樣想問題？也同樣要緊。

最後「綜合整理」所提出的框架，由「提問」到「癥結」，到「答題方向」以及「引述」，都井然有序。但更重要的是，我們如何能從這些框架培養學生的思考力？公平地說，沒有一本參考書是完美的，一定要有懂思考的教者。

香港的通識教育科慢慢地建立起在地和具脈絡的性格，或許學術深度較為淺薄。但國際文憑大學預科課程那種「普世」的性格，則令人擔心是否能培育出擁有「在地」意識的學生。我留意到香港和臺灣都有一股「哲學熱」，這不可能是沒有社會因素導致的。是因為我們的無力感迫使我們由「行動」退到「思考」？還是紛擾的「現實」令我們想尋回乾淨的「概念」？也許，我的哲學訓練就是培養了我連「哲學為何受歡迎」這個問題都會思考的習慣。

讀哲學當然是好事。但我們特別要小心不要把抽離視為深刻，把普遍等同真實。脈絡和歷史，可能才是學生「思考」的前提。教師們，你才是這本書的靈魂！

Q：思考的存在是否是另一個存在？

《吉普賽人》，鑲嵌畫，一世紀，祖烏瑪，土耳其。
在逃亡中，這個年輕女子的目光左顧右盼，抗拒時間的支配，彷彿意指我們的意識讓我們得以感知並逃避四周的環境。

1 | 主體哲學導論

Q1 人如何獲得主體的地位？

Q2 主體在什麼條件下能達到客觀？

Q3 我們是否能懷疑主體的存在？

▶ 見第四冊〈語言〉、本冊〈他人〉

成為主體（自己作主）

《大城市》（*La Grand Ville*），印度，薩雅吉・雷（Satyajit Ray）的黑白電影，1964年。

一般看法	思考之後
人完全不需要特別付出什麼，就能成為主體	我們可以令主體擔負其功能或是地位

人類無需費力，就能成為主體。人類因為「具有意識」，讓他能夠行使主體的功能，即注視、思考他周遭的世界。例如：電影觀眾看電影時，目光只要朝向螢幕，就能跟著電影走。人作為有意識的存在也無需付出更多努力，就能被認為是主體，讓其他主體不把他視為客體。例如：人一旦進入公共場所就會立刻被視為人，而非物。人被賦予主體的地位，就像某種不證自明的事，無需討論。

然而，在薩雅吉・雷的電影《大城市》中，女主角卻必須努力才能贏得她主體的地位。儘管身邊的人遲疑不信，她還是努力證明了自己並不是注定要忍受遭遇的處境。她看著鏡中的自己，以清楚體認這樣的轉變。要肯定自己作為主體的身分，擁有思考能力並不足夠，還必須學會使用這項能力，把自己的注意力放在客體上。例如：心不在焉的聽眾並不會注意人們對他說的話。另外，還必須確立自己在自己或他人眼中，是個能思考的存在。例如：奴隸就被視為類似於工具的存在，而不被視為可思考的主體，以利於獨立行使他人強加在他身上的命令。

我們和自己的「主體」地位緊密相連，這讓我們有別於「客體」，但我們是否確切了解「主體」這個字眼的涵義？

從定義尋找問題意識

定義

主體是思考的存在，是感知的基礎，是各種行動的起源。

主體

在法文中，「sujet」這個字有多重涵義，可以表示臣服於某個政治權力的個人（例如：國王的「臣民」），或是某種文法功能（例如：某個動詞的「主詞」），或是我們談論的事物（例如：我們談話的「主題」）。作為哲學詞彙，「sujet」還可以表示某個屬性的擁有者（例如：這塊木頭很乾，「乾」的屬性歸屬於「這塊木頭」這個主體）。

思考的存在

「主體」要能執行功能的必要條件是，主體要具有意識，並且得有能力運用意識。因此，只有人類才能當「主體」，至於動物乃至各種物質構成的物體，都無法具有這種功能。例如：動物與其感知之間無法保持任何必要的距離，牠所行使的活動都是由本能所決定。

感知的基礎

意識透過某種完全屬於自己而他人無法取代的視角，讓每個人都能仔細思考外在的世界。由此我們可以比較「主體」與觀眾：觀眾從他的位置，會有「這是為我而進行的演出」的印象。對主體而言，他的各種感知似乎會向他本身匯聚。例如：嬰兒會把一切連繫於自己，認為自己是世界的中心。

行動的源起

意識也讓每個人都能成為自身行動的源頭，而這些行動會對我們的環境會產生影響。主體並不只是觀眾，還是演員，能在周遭的世界留下痕跡。例如：在群體中採取主動，就是展現自己作為的主體身分。

定義提出什麼問題？

這個定義提醒我們，只有運用意識這項能力時，一個思考的存在才能執行主體的功能，但這個定義並未說明如何才能完全獲得主體的地位。▶ Q1：人如何獲得主體的地位？

這個定義並未指出要用什麼方式，主體才能獲得對周遭事物的客觀認識。思考周遭事物的能力會激發主體認識這些事物的欲望。這種認識也能讓主體對世界產生影響。▶ Q2：主體在什麼條件下能達到客觀？

問題思考

COURS

1丨審定注:「Sujet」在不同脈絡有不同意思:思考或行動的「主體」,因而與「自我」產生連結,而延伸到「自我意識」、「自我決定」。當「主體」放在關係之中,便是與「客體、對象或物」(Objet)、「外在世界」相對。「Sujet」也指在句子的「主詞」,或是文章的「主題」。在認識論中,由主體出發認識的外在世界,可能會從主體的觀點,也就是「主觀」,與認識要達到的「客觀」相對。在政治哲學中,「Sujet」一詞在君主制度下,指的是臣屬於君王的人民(而非自己可以作主的主體),成為必須服從的「臣民」。

定義

> 互為主體性(l'intersubjectivité)指的是在許多主體間建立某種交流,好讓溝通交流中的人都不會被當成物體來對待。

2丨審定注:Intersubjectivité的字首「Inter」有「相互」或「之間」的意思,在中文學界也常譯為「交互主體性」、「主體間性」。

我能夠認識並主宰自己嗎?

Q1:人如何獲得主體的地位?

人作為能思考的存在,運用他的各種官能,逐漸意識到自己是個主體。要在什麼樣的處境下,人才能真正彰顯自己是個主體?[1]

1. 人類在意識到自身而成為主體

　　人類做為能思考的存在,只有他能夠區分所有他接收到的訊息、並用「我」來指稱事物的那一刻起,才成為主體。根據康德(▶見文本閱讀1-1,7頁),人類在思考「我」的時候,才開始與動物和物體有所區別。這時他了解到,在自身之中,有某種東西,既不是感覺(顏色、聲音等)也不是需求(腹餓、口渴等),而且又能判斷發生在自己身上的事情。這個「東西」不是別的,正是他自己:這就是主體,是一切傳達給他的感知的中心,以及他所做的行為的起點,這些行為改變他在世界的處境。為了肯定自己就是如此,主體首先應該與一切在自身之內但又不屬於自身的事物有所區隔。主體學會對自己的感知「揀選分類」,對關乎外在世界的事物與關乎自己身體的事物,以及完全出自自己意識的事物(像是自己的反思、夢想等等)進行區分。例如:我可以區分噪音源(例如某個東西掉落)和我自己(噪音傳抵之處)。

2. 人類透過行動對外在世界發揮作用,而贏得主體的地位

　　人類不只是藉由自己的意識,還透過自身行動來獲得主體的地位。透過行動或是生產來改造周遭的世界,他便與世界有所區隔,因為他對它產生影響。例如:君王建造雕像,為自己的權勢留下痕跡。人類有能力啟動計畫,而計畫的實現便顯示主體的存在。根據黑格爾的看法(▶見文本閱讀1-2,8頁),藝術的存在理由就是讓主體能透過作品,把自身轉換成客體。

　　主體的行動未必一定通往物質對象的實現,他也可以建立在政治行動中。卡繆(▶見文本閱讀1-3,9頁)將行動放置在對異化的拒斥,以及對權利的捍衛中。

3. 人類透過關係而顯示自己是主體

　　人類作為思考的存在,會在涉入與其他主體的關係時,也就是在「互為主體性」[2]之中,確認自身的主體地位。在能夠承認他主體地位的存在者面前,這些關係讓他得以展現自己作為主體的身分。例如:如果有人走近一個空間,而我正在這個空間裡,我會期待他跟我打招呼,以此表示他把我視為一個人,而非一個物。主體周遭的各種事物,為他提供施行能力的機會,讓他可以感知並同時轉變這些事物。但這些事物卻無法賦予他「主體」的身分。例如:一個

長時間孤獨的人可能讓人覺得他不再是個主體：這個人失去方位，因為他沒有面對他人而展現自我的機會。

如果和主體有某種關係的其他主體拒絕賦予他主體地位，主體可以要求恢復自身地位。這可能會引發某些張力，表示主體與他人對立，又期待他人給予對他而言不可或缺的東西。根據卡繆的看法（▶見文本閱讀 1-3，9頁），奴隸在起身反抗時，不只拒絕強加在他身上的可恥勞役，他也是在表明自己不是工具，而是主體。主體需要被承認為享有尊嚴的人，是擁有權利與責任的道德主體。

Q2：主體在什麼條件下能達到客觀？

既然主體對現實（réalité）的理解是從個人觀點出發，他的判斷就可能因此受到扭曲。他有可能會把某種主觀的因素，當成他所感知的客體（對象、事物）的特徵。有什麼能夠幫助主體做出客觀的判斷？

1. 要達到客觀，主體應該排除哪些可能介入自身與客體（對象）之間的東西

主體排除對一切純屬自身的事物（他的偏見、看法、感受、價值觀等），好讓自己達到客觀。主體應該盡其所能去除對一切「主觀」事物的理解，只保留「客觀」看法。例如：由於太陽與我們之間的距離，導致我們有「太陽比地球還小」的印象。因此，主體正是透過和自己的對抗，才擺脫讓他無法再現客體之所是的一切事物。根據柏拉圖的觀點（▶見文本閱讀 2-1，10頁），吸收知識的主體，會在未檢視某項知識的真實性時便予以接受，而主體應該要與這種傾向搏鬥。客觀性的前提是：主體要拒絕相信他未曾證實的事物。例如：政治宣傳利用了人類的傾向，去相信自己所聽到的一切。

2. 主體可以藉由諮詢他人而達到客觀

要證實主體對客體的看法並未受到主觀因素扭曲，主體可以對照自己與他人對現實（實在）的認識。這種對照必須透過對話，如此有助於確保客觀性。例如：科學家交流研究成果。根據阿蘭的看法（▶見文本閱讀 2-2，11頁），主體因著和他人的溝通，才能有幸修正自己對客體的理解：他人以不同方式看待的部分，或許就是自己受到主觀所扭曲之處。聽任己見的個體，越是自命客觀，就越盲目。例如：對自身的愛（l'amour-propre）經常妨礙我們認識自己的錯誤。和他人的溝通要有效，主體就應該願意改正自己對客體的理解。主體與自己的對話是客觀的首要條件。

關鍵字區分

客觀（objectif）／主觀（subjectif）

所謂客觀（objectif），就是就客體／對象／物（objet）來看，指不受個人觀念改變的判斷。所謂主觀（subjectif），就是關乎主體（sujet），是個可能會受到主體信念、傾向與偏好所影響的判斷。

關鍵字區分

相信（croire）／知識（savoir）

相信指的是在非理性的動機下，無需任何證據便贊同某種觀點（像是人們因為喜愛某個人，而贊同這個人所支持的觀點）。知道是基於理性（如數學的論證）並透過證據而採納該論點。

3. 主體在採納普遍觀點而非特殊觀點的條件下，可以做到客觀

能夠思考、具有理性的存在，不但能夠採納在他看來恰當的、異於他人的觀點，也能採納更為普遍的、與其他主體共享的觀點。例如：要知道客體的重量，我不但用自己的手掂量，還用了磅秤這種能讓所有人接受的工具。根據皮亞傑的看法（▶見文本閱讀2-3，11頁），我們得經過「去除自我中心」（décentration）的過程，才能從個人觀點轉移到普遍觀點。例如：要認識到是地球繞著太陽轉動，而不是太陽繞著地球轉，天文學家就得放棄人類是宇宙中心的信念。主體，彷彿一分為二，放棄了某種狹窄觀點下的現實，以擁有更寬廣的觀點。這種一分為二的分裂能力也讓主體能與自身鬥爭，與他人溝通。這或許是主體的特徵之一。

Q1：人如何獲得主體的地位？

以下的文本說明了人類可以透過什麼途徑成為主體。根據主體所行使的不同方法，他對功能也有不同界定。他參與在三重關係裡：與自己的關係、與外在現實的關係，以及與其他主體的關係。這些關係彼此牽連。例如，主體與外在世界之間的關係，可能會改變主體與自身或是與其他主體的關係。

主體是能思考的存在

文本閱讀 1-1

康德

依曼努爾·康德 Emmanuel Kant
1724-1804

本文的關鍵表述是「在對自我的表象中占有我」：這意味著主體能設想自己是獨一無二的存在（沒有人能代替他的位置），並且設想自己是同一個自己（他不會變成另一個人）。不應混淆主體意識到自身的想法，和主體用以指稱自身的字眼，如「我」。

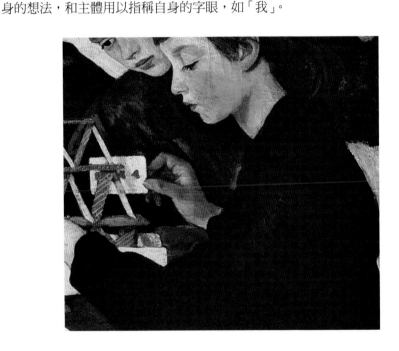

| 齊內達·塞勒布里亞科法（Zinaida Yevgenievna Serebriakova），《紙牌屋》（*Chateau de cartes*），油畫，收藏於聖彼得堡的俄羅斯國家博物館。

人類能夠在他的表象（Vorstellung）中有「我」，這把他遠遠地提升到地球上其他一切生物之上。由此，他成了「具有位格的人」(Person)[1]，同時憑藉在他可能遭遇的所有變化時的意識統一性，他依舊是同樣那個「具有位格的人」，也就是說，一個通過位階和尊嚴而與其他事物──諸如能任由人類處置和支配的無理性動物──截然有別的存有者。哪怕當他還無法說出「我」，他在思維中就必須已經具備了這個「我」。一如所有語言，在使用第一人稱來表述的時候，就算不以特定辭彙來表達這種「我性」(Ichheit)，都必須已經思維到「我」。因為這種能力（即思維的能力）就是知性（Verstand）。

1 | 校注：或人格。

但值得注意的是：一個已經能夠相當流利說話的小孩，卻相當遲（也許要到一年之後）才開始用「我」說話。在這期間，他都是以第三人稱來稱呼自己（卡爾想吃、卡爾要走等等）。一旦他開始用「我」來說話，這彷彿為他升起了一道光芒，從這一天起，他就不會再退回之前的說話方式。之前他只是感覺（fühlen）到了自己，現在他是在思維（denken）自己。

康德，《實用觀點的人類學》，AA VII，Seite 127，根據原文校譯。

文本閱讀 1-2

黑格爾

費德利希·黑格爾
George Wihelm Friedrich Hegel
1770-1831

藝術創作，是認識自己身為主體的方式

主體創作藝術作品時，力求做到似乎不可能完成的事情：他力圖面對自身，將自己外顯化，以求將自己當作「為了自己而存在的客體」。

就藝術形式來說，對藝術的需求既普遍又絕對，這個需求源於：人是思考中的意識，換言之，人是什麼、什麼是根本存在的，皆由人從自身「為己」所創造。自然萬物的存在，不過是直接和一次性的，但人之為精神性存在，使人的存在有雙重性：首先他像自然萬物一樣存在，同時他又如此「為己」而存在，他四處環視，他能夠想像及思考，並僅在這些意識活動中「為己存在」時才成為「精神」。

人達到這樣的自我存在意識，是個具雙重面向的過程：第一個部分是理論性的，他的內在必須在意識上認知自己，對心中所感受的，以及激發和驅使內心的一切，要有觀察及想像，去發現自己思想所關注的是什麼，確定自己的思想，並且經由內在召喚出來的思想，加上外在給予的感受，人必須從中認識自己。第二個部分，人經由實踐性的活動，才為己存在，因為人面對外在直接的環境，這些外在事物會使人表現出自我，並同時由此認識自己。為達到這個目的，人因此改變外在事物，他會在這些事物上刻下自己內在的印記，這麼一來，他在它們之中也重新發現自己的存在條件。人這麼做，以追求身為自由的主體，亦可打破外在世界包覆的那層薄弱的陌生感，在創造的事物形式中，只為獲得自我的外在真實。我們在兒童最早的衝動中，就已經看到這種實際去改變外在事物的傾向：小男孩丟石頭到溪水中，驚奇地發現水中出現的漣漪形成一個作品，他在其中觀察到屬於自己的東西。這種需要在各種極端不同的現象中不斷出現，以至於最極致的方式是人在外在事物中生產他的自我，這就是我們在藝術作品中所看到的。

黑格爾，《美學講稿》，第一卷，導論，III, 1, 50-51頁，根據原文校譯

關鍵字區分

理論上（en théorie）／實踐上（en pratique）

理論上是指我們能思考的、所設想可成立的事物；實際上是指可實現或是可執行而有效的事物。「理論的」一詞所顯示的特色，屬於思考或是認識的事物，而「實踐的」一詞顯示的特色，則屬於行動的事物。

Q：本文對於藝術與人類作為思考的存在之間的關係，提出什麼
論點？

Q：人類為何要審視自己？

Q：人類獲得自我意識的兩種方法為何？

Q：主體是否真的能夠讓自己成為「為了自己存在的客體」？

反抗，以此獲得主體地位

文本閱讀 1-3

卡繆

阿貝爾・卡繆 Albert Camus
1913-1960

　　奴隸起身反抗，是拒斥某種屈辱的地位。但他並不以此為滿
足，藉此他還表明了他認可自己身上擁有的某個部分，並認為這個
部分比什麼都重要。反抗表面上是某種否定的行動，內在卻蘊含某
種肯定的結果。

　　儘管十分模糊，但反抗的行動還是催生了某種意識的覺醒：反抗
者突然感覺到，儘管只存在於某一段時間，在人身上，有某種讓自己
可以認同的東西。在這一刻之前，他未曾真的感受到這種認同。在起
義抗暴的行動之前，奴隸忍受著所有壓榨。他甚至經常接受比激起他
反抗的命令更應該反抗的命令，卻毫無行動。他忍耐著，或許自己心
裡也排斥著這些命令，但是，他不發一言，因為更擔心自己當前的利
益，而不是意識到自己的權利。隨著耐心消逝，隨著不耐，他開始了
另一種有別以往的行動，並擴及到過去他所接受的一切。這種行動的
爆發幾乎是溯及既往。奴隸在拒絕主人侮辱人的命令那一刻起，也同
時拒絕了自己的奴隸狀態。反抗的行動不是簡單的拒絕而已，還把他
帶得更遠。他超越了自己向對手所定的界限，要求在此刻獲得平等對
待。人起初一個不可遏抑地抵抗[1]，變成人的全部，他認同抵抗，並
用抵抗來代表自己。他希望讓人尊重他自己的這個部分，將這個部分
置於一切之上，宣布這部分比什麼都更好，甚至比生命更重要。這部
分變成了他至高無上的善。

卡繆，《反抗者》，Gallimard，1951，28-29頁。

從文本到論證──文本閱讀 1-1、1-2、1-3

請根據這三個文本以及個人反思，試著對下述常見觀念提出
論據及反駁：

1. 主體可獨立於周遭的他人而自我肯定。
2. 哲學上的「主體」概念沒有意義。

關鍵字區分

同一性（identité）／平等（égal-
ité）／差異（différence）

當兩個事物可以被當作一樣的東
西來看待，兩樣事物就具有同一
性關係（等同）：也就是說，這
兩個事物可視為同樣的東西。兩
樣事物之間的差異，讓我們能區
分兩者：兩者並不等同。兩樣事
物之間是平等的，意味著兩者價
值相同。因此，兩個人可以既有
差異（特徵不同，例如膚色或性
別），又彼此平等（具有相同權
利）。

[1] 不可遏抑的抵抗（résistance
irréductible），到了極限、無法完全
消除的抵抗。

Q2：主體在什麼條件下能達到客觀？

下列文本提醒我們主觀性會妨礙對客觀認識的追尋，並指出能讓我們達到客觀的方法。

文本閱讀 2-1

柏拉圖

柏拉圖 Platon
公元前428-347

主體應該避免各種有害的影響

在這個文本中，蘇格拉底交談的對象是希波克拉底，後者很快就會成為普羅塔哥拉（Protagoras）的學生。蘇格拉底提醒他：無知者更容易暴露在被騙的風險當中，因為，按照定義，無知者並不具備讓自己免於受騙的知識。

蘇格拉底：智者難道不覺得自己是批發零賣靈魂營養的批發商嗎，希波克拉底？在我看來他們就是這樣的人。

希波克拉底：但是，蘇格拉底，靈魂以什麼為營養呢？

蘇格拉底：當然是以各種教導為營養。我們得小心，我的朋友，別被那些智者給愚弄了，他們把文章當作商品拿來交易，就像批發商一樣，批發零賣肉身的營養。事實上，批發商自己並不知道，他們提供的商品哪些對身體好、哪些對身體不好，卻毫不區別地吹噓各種商品。顧客也什麼都不懂，除非自己是運動教練或醫師。同樣，那些智者[1]周遊各個城市，不分批發零售地兜售教導，每每對著有興趣的人吹捧自己販賣的一切。但是，我優秀的朋友，他們當中或許也有這樣的人，不知道自己販賣的東西對靈魂是好是壞；顧客也是一樣，除非有顧客是靈魂的醫生。因此，如果你懂得分辨好壞，那你就可以安全地購買這些教導，看是跟普羅塔哥拉或是隨便什麼人買都可以；不然的話，還是小心點，蒙福的朋友，別拿你最貴重的財寶來賭。因為我們購買教導時所冒的風險，比購買食物時來得高。事實上，人們不論買了多少食物與飲料，都可以放到與自己隔開的容器裡，然後，在透過吃喝吸收到體內之前，或許可儲存在家裡，找個行家來諮詢他的意見，好知道什麼是自己應該吃喝的、應該吃喝多少，以及在什麼時候吃喝。因此，人們購買時所冒的風險並不大。然而，這些教導並不能被放到與自己隔開的容器裡，而且只要付了錢，就得用自己的靈魂接受，學起來，帶走，不論是有益還是有害。

柏拉圖，《普羅塔哥拉》，313c4-314b4，根據原文校譯。

Q：是什麼造成了購買教導比購買食物更危險？

Q：對於蘇格拉底所提出的問題，我們可以提供什麼樣的解決辦法？

1 | 校注：Sophiste有幾種不同譯法，Sophie指的是「智慧」因此，Sophiste可以是有智慧或知識的人，不過漸漸地，Sophiste變成一個狹義的通稱那些為了某種實用的目的而販賣知識的人，中文常翻譯的「詭辯的人或是詭辯學家」，本文對Sophiste這個詞，連結到原來的字義，而採取較為中性的說法：智者。

許多主體所共通的事物，即是客觀

對阿蘭而言，客觀指的未必是主體之外的事物，而是對所有主體而言都共同成立的事物。

主觀的事物，意指與外界隔絕、只存在於思考主體之內的事物，存在於「我」裡面，同類的人對它無法產生共鳴。我們花許多時間建立自己與他人之間的溝通，這就是在掌握什麼是客觀。我們可以看到，在更為純粹的意義上，客觀指的是所有主體共通的東西。因此，客觀性未必是指世界上的某個客體。我們的知識中最客觀的，是這樣的共同精神，它如此自然地呈現而作為我們思考的支撐。[…]我們之所以缺乏客觀性，是因為我們過於依附自己的感受、自己的觀點。我們一切的認識中都有觀點，顯而易見的是，我們每個人在任何時候，都只能從一個位置、也就是自己的位置出發，進行觀察。此外，我們都有鮮活的感受或熱烈的情感，讓我們有認識與告訴他人的需求，讓我們忘記自己有其觀點與感受，這意味著在我們斷定某樣事物時，對一切保持審慎才是明智的。每個人都吹嘘自己是客觀的，自己說話是客觀的。然而沒有哲學家（即智慧的朋友）可以毫不遲疑地以為自己所相信的東西是真的，而柏拉圖為我們留下的蘇格拉底對話，給了我們謙遜智者的典範？智者知道自己會犯錯，會有偏見[1]。

阿蘭，《哲學要素》(*Elément de philosophie*)，1999。

1 | 偏見（prévention），即任由自己受偏見所影響。當一個主體對他所檢視的對象抱持某種既定看法時，就是表現出偏見。

Q：與他人的對話，在什麼條件下才能確保客觀性？

主體藉由改變觀點而變得客觀

為了變得客觀，主體可以將自己的主觀性放在一旁，好彰顯對客體的認識。主體因而放棄了個人觀點，即「自我中心的主體」(sujet égocentrique) 之觀點，而採取更具普遍性的觀點，即「認識的主體」(sujet épistémique) 的觀點。

當然，物理學以我們當前的觀察尺度處理客體（事物、對象）時，我們可以認為對主體而言，物理學的客體（對象）具有相對的獨立性。確實，對這個客體的認識，只能透過某種具有主觀面向的感知，以及各種計算，或是某種度量或邏輯數學的結構，而後者也屬於主體的活動。但從一開始應該要區分出個別主體和非自我中心主體的差別，前者以自己的感覺器官或是自身的行動為中心，因此，「我」

定義

認識活動（activités épistémiques）指的是與知識有關的活動，目的在提出客體的某種再現，好讓客體能夠被精準地理解。

或是這個自我中心的主體，是「主體的」（主觀的）天性所造成扭曲或可能幻覺的來源，這是就「主體的」一詞的第一層意義而言；而非自我中心的主體會協調自己的各個行動，並配合他人的行動，以各種可證實的方式衡量、計算、推斷每個行動，因此，「認識活動」對所有主體是共同的 […]。然而，整個物理學的歷史，就是非自我中心的歷史，將自我中心的主體所造成的扭曲減到最小，以最大程度地服從於「認識主體」的法則，這反過來意味著客觀性變得可能，而客體變得相對獨立於主體而存在。

皮亞傑，《人文科學認識論》，1970年。

理解命題的論證——文本閱讀2-3

命題：客觀性之所以可能，是因為主體停止以自己的感知為中心，而借助各種可資證實的衡量與計算工具。

論證一：扭曲或是幻覺是自我中心的主體強調自己的觀點所造成的。▶Q：為何強調自己的觀點會造成扭曲與幻覺？

論證二：不自我中心的、認識的主體，採用對所有主體都共通的觀點▶Q：根據什麼，這個觀點能修正自我中心的主體所產生的幻覺與扭曲？

論證三：藉由去中心化的過程，而讓客觀性變得可能，這樣的過程中和了主觀性，也讓認識客體獨立於試圖認識它的主體。▶Q：為何皮亞傑認為「主體」不再自我中心」是第一個觀點進入第二個觀點的過程？

Q3：我們是否能懷疑主體的存在？

▶參見第四冊〈語言〉、本冊〈他人〉

1. 懷疑主體的實在性並非不可能

根據尼采的看法（▶見文本閱讀3-1，13頁），是「我」這個字，造成了「獨特又與自身同一的主體」的幻覺。主體包含了多樣差異的感受、憧憬、思想等等，我們可以質疑它的一體性（unité）。例如：一個人可能會在工作的意願與看電視的欲望之間搖擺不定。既然主體隨著時間改變，我們也可以懷疑主體的同一性（identité）。例如：一個成人的人格已經不同於兒時。

此外，主體可以與自己保持一種距離。例如：某人檢視自己的感受時，與這些感受拉開某種距離。按照沙特的說法（▶見文本閱讀 3-2，14頁），如果我試著定義我自己，例如，透過我的悲傷來定義自己，我就與我試圖定義的「自己」分開了。

2. 然而必須承認主體的存在

但是，要放棄將自己視為主體，似乎十分困難。主體的一體性與同一性是精神活動（我能意識到自己的想法）與道德責任（我能證成自己的行動）的基礎。例如：一個遭受指控受審的人，不能說「他不再是那個正在犯罪的自己」來自我辯護。根據柏拉圖的說法（▶見文本閱讀3-3，14頁），一個靈魂倒是可以透過另一個靈魂的思想與反思來認識自己。

| 攝影：凡斯．萊克哈特（Vince Reichardt）

主體的存在是個不確定的假說

根據尼采的看法，說服我們相信主體存在的「我思」[1] 這個短語，應該被替換為「某物思考」。

論及邏輯學家的迷信，我會不厭其煩地一再強調一個小小的、簡短的、這些迷信的人不願承認的事實，也就是：一個思想是出現在當「它」願意的時候，而不是當「我」願意的時候；因此，說主詞「我」是謂詞「思考」的條件，這是扭曲事實情況。某物在思考，但這個「某物」正好就是古老而著名的「我」，意即，說得委婉些，這只是一種假說、一種主張，總之不是「直接的確信」。說到底，這個「某物思考」已經表明太多了：這個「某物」已經包含了對過程的某種詮釋，並且不屬於過程本身。在這裡，人們按照文法的習慣，得出結論：「思考是一種行動，每個行動都預設了某個行動者，因此……」

尼采，《善惡的彼岸》，第一部〈論哲學家的偏見〉，17。（KSA 5, 30-31頁），根據原文校譯。

文本閱讀 3-1

尼采

費德利希·尼采 Friedrich Nietzsche
1844-1900

|｜審定注：這裡指笛卡兒的名句「我思故我在」。

文本閱讀 3-2

沙特

尚－保羅・沙特 Jean-Paul Sartre
1905-1980

我不是我所認為之所是

　　沙特探討了主張我存在是基於「我所是的存在樣態」的論題，意即我是某種可被界定的東西。悲傷的例子說明了，一個主體不可能在受到限定的描述中認識自身。

1 | 當我悲傷的時候，悲傷賦予我所做一切的某種意義，成為決定我舉止與態度的原因。

　　我是悲傷的。難道，這個我之所是的悲傷，絲毫不是基於我之所是的存在樣態嗎？這悲傷如果不是蓄積在一起並激發我的一切行為意向的統一性（l'unité intentionnelle）[1]，還會是什麼呢？從我拱起的雙肩、我低垂的頭、整個身軀的軟弱無力之下，這悲傷是我黯淡目光拋向世界的意義。但在我進行每個動作的時刻，我難道一點都不知道，我是可以不這麼做的嗎？如果之後有個陌生人突然出現，讓我又抬起頭來，讓我的態度重新變得活潑又充滿生命力，那除了我方才在訪客離開後善意地與之訂下約會之外，我的悲傷還剩下什麼？[…]　作為悲傷的存在，難道不就是帶著悲傷的嗎？

　　人們或許會說，這是可能的。但是讓自己成為悲傷的存在，不正是無論如何都接受這樣的存在嗎？我從何接受這樣的存在，終究是無關緊要的。事實是，一個感受到悲傷的意識才是悲傷的，正是因為這樣的意識。但這卻誤解了意識的本質：悲傷的存在並不是我自己所形成某種現成的存在，並不像一本我可以交給朋友的書。我沒有資格作為一個不安痛苦的存在。如果我能讓自己悲傷，我得在我的悲傷中從頭到尾讓自己悲傷，我不能利用了悲傷而來的衝動並任由我的悲傷溜走，卻不再創造我的悲傷或是不去承受我的悲傷，不能以慣性的身體遭到最初的打擊後隨之而來的發展方式：意識中不存在任何慣性。如果我讓自己悲傷，那是因為我並不悲傷；在藉由並讓自己感受到悲傷的行動中，悲傷的存在從我身邊溜走。

沙特，《存在與虛無》，Gallimard，1943，95-96頁。

Q：我抬起頭，看著一位陌生人出現，這洩漏了什麼？
Q：請以上下文來解釋「如果我讓自己悲傷，那是因為我並不悲傷」。

文本閱讀 3-3

柏拉圖

柏拉圖 Platon
公元前 428-347

透過對話，主體得以認識自己

　　為了解決「認識你自己」此一命令對他們提出的問題，蘇格拉底與阿西比亞德（Alcibiade）將這個命令和「觀看你自己」進行比較。

蘇格拉底：你是否注意到，當我們盯著我們面前某人的眼睛時，我們
的臉孔會反映在他的瞳孔中，就像鏡子裡的倒影，就像人
們所謂的 poupée[1]，因為這個字意指看的那人的形象？

阿西比亞德：你說得沒錯。

蘇：那麼，當一隻眼注視著另一隻眼，將眼光放在其中最美的部分，
也就是另一隻眼在看著的東西，他就會看見自己？

阿：看來是這樣。

蘇：但如果他不看這個，而是看這個人的其他部分或是其他物體，那
除了與眼中最美好事物相似的東西之外，他就看不到自己囉？

阿：你說得沒錯。

蘇：那麼，如果眼睛想看到自身，就得看著一隻眼，盯著這隻眼裡最
優越的地方。而眼中的這個地方，豈不正是瞳孔嗎？

阿：是瞳孔沒錯。

蘇：那好，我親愛的阿西比亞德，靈魂也是一樣，如果靈魂想認識自
身，就得將目光轉向某個靈魂，特別是靈魂當中最優越的地方，
也就是智慧，或是靈魂裡另一個類似的地方。

阿：似乎是這樣，蘇格拉底。

蘇：那麼，我們是否能說，比起處理思考與反省，在靈魂中還有更神
聖的事物？

阿：我們沒法這樣說。

蘇：這就是為什麼，當我們將目光轉向靈魂中這個近乎神聖的地方，
並認識了神聖、天神與反思之後，我們對自己的認識就更進一
步了。

柏拉圖，《阿克比亞德》，132e7-133c6，根據原文校譯。

1 | Poupée，希臘文的意義是「小女孩」、「小神像」以及「小孤兒」（pupille，也是「瞳孔」的意思）。這個字在此也表示在眼中看見自己的倒影。

延伸思考

OUVERTURE

昂希

米歇・昂希 Michel Henry
1922-2002

繪畫

主體性是否能被我們再現？

對哲學家米歇・昂希（Michel Henry）而言，這幅康定斯基的作品是一幅關於內在性（intériorité）、生命與主體性的圖畫。抽象畫打破了再現外在世界的計畫。抽象畫從外在世界汲取的，毋寧是表達主體內在生命與情感的元素。根據米歇・昂希的看法，抽象藝術的發明，不應歸因於物質進步所引發的「客觀性的危機」。抽象藝術乃是誕生於重現主觀情感的意志。

| 康定斯基（Wassily Kandinsky），《黃—紅—藍》（Jaune-rouge-bleu），1925年，油畫（128×201.5公分），收藏於巴黎國立現代美術館。

1895年時，在莫斯科的一場展覽中，康定斯基正是在觀看莫內（Monet）的《乾草堆》，體驗到自己最鮮活的美學感受之一。他從中得到的教導連結到他在波耳（Niels Bohr）[1] 演講中所得到的教導：物理實在並沒有實體（substance），可以說是沒有實在（réalité），能量量子在其中的移動是透過跳躍而非穿越。這其中也有分散的物質，無數的可疑的、虛擬的粒子，消融在非實在中，即某種非物質論（immatérialisme）當中。因此我們可以理解康定斯基的著名問題：如果外在實在瓦解了，如果客體被摧毀了，那應該用什麼來取代呢？

這個歷史性時刻的發生是正確的，並值得讓康定斯基的轉變或多或少能夠比擬於其他同時代的大藝術家的轉變，因而變得「可理解」，即便如此，這仍然扭曲了抽象畫的真正涵義，甚至徹底掩蓋了抽象畫精深的構思。並不是因為在美學層面上多少顯示出類比於當時科學上（特別是物理學上）的客觀性危機，而讓人重新思考繪畫再現問題。它也不出自於對感知形象構作知的某種更改，康定斯基式的抽象藝術並不來自於客體突然失靈、再也無法界定作品內容的結果。

這種抽象藝術，這種「抽象內容」，是不可見的生命不斷發生在

[1] 波耳（1885-1962）研究原子的結構，說明原子是由電子繞著原子核移動所構成。

自身當中。是這種生命持續的內在湧現，這種生命永遠活潑的本質，當它在繪畫中產生自己的內容的同時，也在藝術家身上產生對自己的籌畫，也就是說，這樣的內容表達了對存在的巨大感動。「抽象」在此不再是指出自某種由簡化或是複雜化過程的結果，某種現代繪畫歷史盡頭所造成的世界，而是某種曾經在世界之前卻不需要世界即可存在的事物：生命在自身徹底的主體性的黑夜中擁抱自身，其中沒有光亮，也沒有世界。

米歇・昂希，《看那不可見的：理解康定斯基》，PUF,2008，32-33頁。

哲學練習：背向客體，描繪主體
1. 抽象畫的哪種理念，可被視為「客觀性的危機」的起源？
2. 按照米歇・昂希的看法，是什麼將康定斯基導向抽象藝術？
3. 可見的形式與顏色如何能再現主體不可見的內在？

哲學時事／訪談

公正的觀眾，有理性認知（bon sens）的主體？

黑蒙・布東（Raymond Boudon），法國社會學家，1934年生，屬於「社會學個人主義」（individualisme sociologique）的流派。他認為，社會事實，包括違反個人意圖的社會事實，都是許多個人行動累積而成的。

問：為何啟蒙時期的政治思想家及後來幾世紀的後繼者，會認為在代議民主政體中，人民主權原則不只是在理論上，而且在實務上都是可行的？

答：啟蒙時期思想家所闡述的民主政體的自由理論，有時會被我們化約為孟德斯鳩的命題。根據這個命題，權力或是力量的分配（這是他自己的說法），或是在權力分立上（我們已更習慣這麼說），是防禦專制風險的盾牌。這個命題雖然如此根本，卻是由消極的方式來界定民主政體。

　　然而，啟蒙時期的社會科學還發展出某種對代議民主的積極定義。這種定義乃是建立在「代議民主授予公眾能夠仲裁的決定性權力」的觀念上。這特別讓我想到亞當・斯密的公正觀眾的觀念。[…]

我們可以用一種簡單的理論形式來說明這個公正觀眾的概念：公正的觀眾，指的是我們可以假設在不特定的任何問題上，任一公民都會避免自己的偏見與利益。然而，對於城邦生活的各種主題而言，任何公民事實上都置身於公正觀眾的位置。此外，這些主題也不意味著對任何特殊知識的掌握。因此我們可以假定，如果我們針對這些主題請教公眾，許多個人會傾向基於理性良知來回答我們。補充一個論點，在代議民主體制中，國會議員被置於公共輿論的目光底下，受輿論所具有的制裁所威脅：下次選舉就會被排除。[…]

問：在什麼樣的基礎上，這個觀眾可以判斷一個決定或是一個制度是好是壞？是假定他不會受到自己的情感與利益所煽動，且假定他擁有足夠的能力，來形塑自己的意見呢？

答：他之所以把信念視為必要的，是因為對他而言，這樣的信念是建立在可信服的理性系統之上。簡言之，公正觀眾的觀念意味著，在代議民主體制中，權力的確屬於人民，因為公眾意見在中程與長程而言扮演了關鍵角色，在選擇理念、方法或是可供選擇的制度上，也因為在許多主題上，公眾意見證明了自己具有理性認知的能力。

黑蒙·布東，〈賦予人民權力是什麼意思？〉。
道德與政治科學學院網站：www.asmp.fr
出自布東在道德與政治科學學院的訪談。

反思哲學問題的時事

為了處理「民主是烏托邦嗎？」這個問題，本文指出民主有兩個條件。

a-「消極定義」，按照權力劃分的方式，區分民主與專制政體。

b-「積極定義」，將民主等同於屬於人民的政府，按照由公民裁決政治決定的方式，公民是「公正的觀眾」。

練習1：掌握詞彙

1. 尋找「主體」與「客體」等詞彙在語源學的來源，並說明這些字源如何闡明這些詞的不同涵義。
2. 你如何解釋「主體」這個詞的哲學意義很少運用在日常用語中？

練習2：理解文本

　　我們承認，事實上，我們應該最愛我們最好的朋友，而最好的朋友是：當他想要對一個人好的時候，是為了對這個人的愛而這樣想，就算沒有人會知道。然而這些特點，以及其他所有我們用來界定朋友的特點，最大程度存在於主體與自身的關係中：因為我們說過，正是從這種自身與自身的關係出發，構成友誼的一切情感才接著擴展到其他人身上。加上各種符合這種觀點的格言：像是「靈魂合一」、「朋友共享」、「友誼即平等」、「膝比腿更近」──這些看法都在人與自己的關係上最適用，因為一個人是自己最好的朋友，因此他應該最愛自己勝過一切。

亞里斯多德，《尼各馬可倫理學》，〈卷九〉（第八節），J. Tricot & Verin 譯本。

1. 在你看來，相較於不同主體之間可能建立的關係，主體去建立和自己的關係是否較為可能？
2. 有什麼能證明主體會把自己當作最好的朋友？
3. 亞里斯多德在本文中所提出關於友誼的命題是什麼？這命題有何新穎之處？
4. 巴斯卡在《沉思錄》中談到自我時說：「自我本身並不公正，因為他讓自己成為一切的中心」，又「讓其他人感到厭煩，因為他想奴役他們」。我們該如何解釋這個和亞里斯多德如此對立的立場？

練習2試答

1. 主體能夠與自己保持距離，這也讓他能夠投入與自己的對話。他和自己的關係，類似於兩個主體之間的關係，儘管並不相同。
2. 主體終其一生都與自己為伴，並盡力與自己維持一致，他分享他自己的喜悅與痛苦，他關注自己的利益，他尋求對他自己而言是好的事物。
3. 主體與自身的友誼，是主體與他人之友誼的條件，因為他應該先獲得自己的友誼，然後才帶給他人。
4. 巴斯卡分析自我之愛 (l'amour-propre)，即主體偏愛自我勝過他人，這讓主體變得不公正，因為他總會為自己保留更大的一份。主體並不愛自己本然的樣子，而將自身所沒有的優點歸於自身，並試圖支配他人。

練習3：觀念深化

　　我們發現，儘管主體看來像是虛構的概念（因為我們每個人都有許多面向並且會不斷改變），但這種虛構卻賦予道德和正義某種意義。

　　請依據「人格」（personne）、「責任」、「義務」和「承諾」等概念，解釋「主體」的概念為何是道德與正義的基礎。

練習4：範例分析▶見本冊〈他人〉

　　一個自以為獨自一人的人，在意識到有他人能看到他時，通常會改變自己的言行舉止。

1. 這個現象顯示出哪些與主體活動相關的內涵？
2. 他人的存在是否讓主體受到失去地位的威脅，還是反而有助於確認主體的地位？

練習4 試答

1. 獨自一人的主體會專注於對周遭世界的感知。當另一個能夠感知的主體出現時，促使他思考自身。

2. 他人將主體視為感知的對象，這反過來產生讓他失去主體地位的威脅。然而主體需要另一個主體才能獲得對自己地位的認識。

| 芙列達・卡羅（Frida Kahlo），《我的水中倒影》（*Ce que l'eau m'a donné*, 1938），油畫（91×70公分）。收藏於紐約的依希朵・杜卡斯藝術公司（Isidore Ducasse Fine Arts, Inc）。

練習5：作品分析

　　哲學家維根斯坦（Wittgenstein, 1889-1951）在《邏輯哲學論》（*Tractatus logico-philosophicus*, 1922）中斷言，主體不屬於它所感知到的世界，而只能「處在其邊緣」。他強調一個事實，即眼睛在自己的視野中看不到自身。

1. 左圖能夠如何說明維根斯坦的命題？又如何對立於這個命題？
2. 請透過標題，找出在水的表面所呈現的各種主題的象徵。這幅畫呈現了什麼樣的主體設想？

綜合整理

定義

主體是思考的存在，是感知的基礎，是行動的源起。

提問 **Q1：人如何獲得主體的地位？**

癥結

要獲得主體的地位，主體要意識到自身與外在世界，並投入行動。

答題方向

根據康德，兒童一旦能夠思考自身，就是個主體。

對黑格爾而言，創作某個作品的主體，能夠將自己置於自身面前。

引述

「一旦他開始用『我』來說話，這彷彿為他升起了一道光芒。」（康德，《實用觀點的人類學》）

「人類因為擁有意識，因此具有一分為二的雙重性：雖然他就這麼存在著，卻是為自己而存在。」（黑格爾，《美學導論》）

提問 **Q2：主體在什麼條件下能達到客觀？**

癥結

客觀性存在於「不混淆出自主體事物與客體特徵」的能力。

答題方向

根據阿蘭，客觀性乃是藉由溝通達成。

對皮亞傑而言，客觀性需要觀點的轉變。

引述

「我們的知識中最客觀的，是這樣的共同精神，它如此自然地呈現而作為我們思考的支撐。」（阿蘭，《哲學要素》）

「整個物理學的歷史，就是非自我中心的歷史，將自我中心的主體所造成的扭曲減到最小，以最大程度地服從於『認識主體』的法則。」（皮亞傑，《人文科學認識論》）

論文寫作練習：分析下列主題

■ 「認識他人是否比認識自我更容易？」（經濟社會組，2008）

■ 「『我是誰』的問題是否允許一個精確的答案？」（人文組，2001）

■ 「人能夠對自己說謊嗎？」（經濟社會組，1999）

2 意識與無意識

Q1. 意識能否帶來某種知識
（認知）？
Q2. 我們能否認識自己？
Q3. 為何要假設無意識的存在？

▶見第二冊〈道德哲學導論〉、〈自由〉

| 荷內・馬格利特（René Magritte），《祕密副本》（*Le Double Secret*, 1927），油畫（114×162公分），收藏於巴黎國立現代藝術博物館。

一般看法	思考之後
我們知道自己是誰	我們自己的某部分會脫離我們的掌握
主體是「一個」統整的主體。意識讓主體能夠知道自己是誰、認識自己、有能力對自己的行動做出判斷。當我們行動時，我們選擇自己的作為，我們知道自己在做什麼，我們對所做的事情負有責任。	馬格利特這幅令人迷惑的作品《祕密副本》，引發了關於自我的各種問題：我們非常確定自己認識自己嗎？難道不存在某個部分的自己，至今仍隱而未顯，我們在其中也辨認不出自己嗎？我們有時豈不也會被互相衝突的渴望所撕裂？

我們認為，因為意識，
我們才能知道自己是誰，以及自己在想什麼。
但我們知道「當我在意識著時」意味著什麼嗎？

從定義尋找問題意識

定義

> 意識是再現我們自己與外在世界的過程。無意識是佛洛伊德提出的假說，用以解釋意識所無法說明的事物。

再現我們自己的過程

我們思考的時候，知道自己在思考，以及思考什麼。如此一來，我們就可以將自己的思想歸於自己，並將我們這個身為主體的自己和外在世界的客體區分開來。例如：儘管雕像表現出我們的樣子，我們仍會把自己與雕像區分開來。這種對於「我們是誰」「我們做了什麼」的意識（精神上的意識），讓我們的意識（良心）同樣能夠做為某種道德機制（我們能夠判斷自己的行為是善是惡）。例如：這時我們會用這說法：「憑我的靈魂與良心。」

再現外在世界的過程

我們以特定的方式再現外在世界的對象，而且能加以描繪。然而，這種對事物意識所顯示出來的形式，是否可信？我們有時似乎是自身觀點的囚徒，並受到我們對世界的感知所影響。

意識所無法說明的事物

我們的意識無法一直持續，例如，睡眠就會打斷我們的意識。尤其是意識無法讓我們解釋我們所做與所想的一切。當我們應該說某個字眼，說出的卻是另一個並不想說的字眼，我們稱之為「說溜嘴」。這種口誤被稱為某種洩漏，因為這正好揭露了某種無意識的想法，意即在意識中被隱藏的想法。

定義提出什麼問題？

這個定義賦予意識某種再現的力量。那麼主體如何避免自己主觀的印象呢？▶ Q1：意識能否帶來某種知識（認知）？

這個定義讓我們認為，是意識讓我們能夠判斷自我、認識自我、按照自我的意圖行動，並為自己的行動承擔責任。這種意識的聲音，是我們自己的聲音，還是外來的聲音，卻被我們當作是自己所認為的想法？▶ Q2：我們能否認識自己？

這個定義意味著意識並不能讓我們解釋一切。在精神生命中，有些陰暗的地帶，就算深入發掘、內省，也無法得到澄清。▶ Q3：為何要假設無意識的存在？

問題思考

—— + ——

COURS

Q1：意識能否帶來某種知識（認知）？

意識一方面指的是心理上的意識（我們知道自身內外所經歷的事），另一方面則是道德上的意識（我們能夠區分善惡）。但是，我們該如何衡量這種知識有多可靠呢？

1. 懷疑是認識的第一步

具有意識，也就是認識某事物，但是如何確定我們所想的呢？笛卡兒哲學對「懷疑」的思索為這個問題提供了某種回答。我們可以懷疑一切，然而有件事情卻是無庸置疑的：當我們懷疑的時候，我們正在思考，因此我們無法懷疑我們做為「思考的存在者」而存在。從這個確定性出發，我們可以推斷其他可確定的事物（▶見文本閱讀1-1，27頁）。

2. 意識讓世界與我們的判斷具有某種結構

意識構成了這個世界。世界存在於意識之前，卻是透過意識，世界才對我們顯現。梅洛－龐蒂說，我們必須「學習觀看」（▶見文本閱讀1-2，28頁），他試圖要描述人類的經驗（來自於意識的經驗，是能被實際經歷與具體領會的經驗）。然而具有意識，也是指能夠判斷自身的行動。例如：一個人對自己的作為問心無愧或問心有愧。根據康德的看法，所有人都能夠行善，並意識到自己是否作惡。事實上，一個惡人就算多麼不想傾聽自己的意識（▶見文本閱讀1-3，30頁），他也無法無視自己是選擇了惡。

3. 意識就是自由

我們有意識的事實，向我們表明了我們有多麼自由：只要我們選擇行動，就沒有任何事物能為我們的行為開脫，或是作為我們的藉口（▶見文本閱讀1-4，30頁）。例如：當我們發怒並對另一個人施加暴力，我們對此就有責任。心理上的意識讓我們具有道德上的意識。

Q2：我們能否認識自己？

既然我們具有意識，並且能夠反思我們的行動與我們自身，我們能否認識自己？自我認識是否可能？

1.「我」難以掌握

如果有人要求我們說出我們是誰，我們會列舉自己的姓名、地址以及職業，此外，我們還可以從生理與精神上描述自己。但這種描述是否足以說出「我」是什麼？難道不存在某種本質，能讓那可

定義

一件事情若是與道德相反，並且是故意選擇的，就是「不道德的」（immoral）。一件事情若是在道德之外，不論是因為我們不以惡來看待某事，或是因為缺乏可以成立的價值判斷，那就是無關道德的，即「非道德的」（amoral）。例如：動物的行為既不好也不壞，牠們做的只是出於生存之所需。

以稱為「我」的本質，不論在時間中經歷什麼轉變，都屹立不搖存在著？巴斯卡斷言，存在的只是各種特質，而且沒有什麼東西會持續地存在，因而「我」這種持續存在的實體也是無法把握的（▶見文本閱讀2-1，31頁）。如果我們只限於我們實際擁有的、透過感官所提供給我們的訊息，那麼，就如經驗論者（他們認為我們一切的知識都始於經驗）的主張（▶見文本閱讀2-2，32頁），「我」這個字眼可能只是語言的虛構。

2.「我」會令人迷惑

「我」似乎是不穩定的、難以確定的，卻我們又都幾乎覺得我們是認識自己的，因為沒有什麼比我們更接近自己。但是，希望能夠從內心、也就是對自我的意識出發，作為尋求真理的基礎，這樣是否恰當？尼采提醒我們防範這些被視為顯而易懂的事情：有些事情我們看來再清楚不過，事實上卻更難以認識，因為我們很難把這些事情視為問題來看待（▶見文本閱讀2-3，33頁）。

3. 意識會在無意識中醞釀出來

儘管我們在做抉擇的當下，在選擇這個而不是那個的時候，相信自己並非出於偏私，但我們還是在自己不知道的情況下受到某種影響。萊布尼茲指出了不被注意的「細微知覺」如何決定了我們的行動（▶見文本閱讀2-4，34頁）。這些驅使我們行動的「細微知覺」或許是過於微弱的感覺，而難以被意識到（例如：我們聽不見的雜音，雖然細微，卻還是會干擾我們的注意力），或是我們早已習慣、因而不會去注意的事件。例如：住在鐵道旁邊的人沒聽見火車經過。

Q3：為何要假設無意識的存在？

我們的意識試圖對我們闡明我們自己以及我們的行動價值何在，然而，我們內心之中究竟有多少一閃即逝的印象、影像甚至是思考，是我們從未意識到的呢？在睡眠期間，我們毫無意識，但我們的精神活動並不因此而停止。

1. 難以接受的假設

因此，似乎有必要假設某種我們所不知道的、無意識而活躍的精神生活的存在。然而，佛洛伊德在十九世紀末提出這樣的假設時，卻遭到激烈抗拒。如何解釋這樣的抗拒？佛洛伊德表示，他讓人性蒙受了第三次「自戀創傷」（blessure narcissique）。哥白尼導致地球中心說[1]的終結，接著是達爾文與演化論[2]的衝擊，當佛洛伊德提出心理無意識的假設，即人類無法控制自己內在力量的假設，讓人類不

定義

> 佛洛伊德對於自己的假設，不只是堅持其理論有效性，意即堅持這個假設能讓我們更適切地理解現實，他還明確指出，這個假設有某種實踐（或實務）上的效果，因此具有具體的效力。他極力想要證明精神分析在病患身上是有顯著成效的。

1 | 地球中心說認為，地球是靜止不動的，位於宇宙中心。

2 | 演化論建立在天擇以及後天性格傳遞原則之上。

得不再一次承認自己的軟弱（▶見文本閱讀3-1，35頁）。

2. 無意識是必要的假設

　　佛洛伊德指出無意識在實務上的好處與效力，證明該假設是成立的（▶見文本閱讀3-2，36頁）。如何解釋失誤行為（acte manqué，又稱為佛洛伊德式錯誤）？例如：錯過公車，因而沒能趕上一場重要卻讓人憂慮的約會。為此必須假設某種心理上的無意識。然而，這個意識無法觸及的無意識，指的是什麼？根據佛洛伊德的說法：「夢境是最適合引領我們進入無意識的道路。」對夢的分析為我們顯示了，夢的內容隱藏在某種偽裝底下，而這些偽裝同時掩蓋又揭露了被壓抑的欲望，以及各種試圖現身的衝動。

3. 無意識的假設讓我們能對壓抑作出解釋

　　壓抑可作如下解釋：我們的情感與精神生活是由許多受到意識審查的衝動所形成的，而這些衝動卻要求要能得到滿足。這些不被意識所接受的衝動 ── 在某種意義下來說它被遺忘了 ── 就被壓抑下去。然而，這些被壓抑的衝動並未消失，而是繼續存在於精神的「候見室」裡（▶見文本閱讀3-3，37頁）。

關鍵字區分

解釋（expliquer）／理解（comprendre）

解釋一個症狀或是現象，就是在尋找其理由。我們所見的現象（如口誤）不過是某種隱匿的理由所造成的後果，而我們必須加以發掘。理由一被發掘，我們就能夠理解現象，這不只是賦予這個現象某種意義，也是對其運作擁有綜合的認識。

定義

衝動是介於心理與生理邊界上的能量，滲透在主體中，這些衝動要求得到滿足，以消除主體內在的緊張。

Q1：意識能否帶來某種知識（認知）？

意識被定義為附帶某種知識（認知）的思想。然而，這是指怎樣的知識（認知）呢？這知識（認知）可以同時是自我意識與道德意識。當我們思考的時候，我們知道自己在思考，而當我們行動的時候，我們知道自己在行動。換句話說，我們能夠對自己的行動做出道德判斷，我們應該承擔自己行動的責任，因為我們是行動的發起者。

擁有意識，首要在於懷疑

文本閱讀 1-1

笛卡兒

荷內・笛卡兒
René Descartes
1596-1650

笛卡兒提出了一種好的思考方法。如果「常識是世界上最廣為人知的知識（或事物）」，那問題就在於如何予以運用。他在對真理的研究中，試圖尋找善用常識的起點，並在自我意識中找到了某種無可動搖的基礎：我們能夠懷疑一切，卻無法懷疑思想本身。

　　既然我想要的只是全心[1]追尋真理，在我看來，就必須將任何我想像得到有一絲可疑之處的事物，都當作是絕對的虛妄而予以拒斥，好看看在這樣做之後，我的信念[2]是否沒留下任何可懷疑的事物。因此，既然我們的感官有時會欺騙我們，我便寧可假設沒有任何東西是感官讓我們所想像的樣子。而因為有些人在推理的時候會出錯[3]，甚至連最單純的幾何問題也會做出不合邏輯的推論[4]，而我既然與其他任何人一樣難免犯錯[5]，那麼過去用來論證的一切理由，我也都當作是錯誤而予以拋棄。最後，考慮到這些我們醒著時的所有想法，在我們入睡後一樣能進到我們心裡，但這時卻沒有一樣是真的，因此我決心假定[6]：任何進到我心裡的東西，並不比我夢中的幻影更真實。然而我立刻注意到，當我想要因此認為一切都屬虛妄的時候，卻一定要有個能這樣認為的我，我必須是作為某種東西的存在。而注意到「我思，故我在」這樣的真理是如此確實、如此可靠，以致於懷疑論者[7]一切最為荒謬的假設都無法撼動這個真理，我便判斷，我能夠毫不遲疑地[8]接受這個真理，作為我所尋求的哲學的首要原則。

笛卡兒，《論方法》，〈第四章〉，1637。

1 | Vaquer，忙於某事。
2 | Créance，相信，信仰。
3 | Méprendre，弄錯。
4 | Paralogisme，推理錯誤。
5 | Faillir，出錯。
6 | Feindre，假裝。
7 | 懷疑論者（Sceptiques），某類懷疑一切的哲學家，認為人類無法接近真理，我們無法肯定亦無法否定任何事物。
8 | Scrupule，猶豫、躊躇。

理解命題的論證——文本閱讀1-1

命題：「我思，故我在」是追尋真理的基礎：如果某件事物是確定的，是因為存在著某個能思考的主體。

論證一：要追尋真理，我們需要某個確定的基礎，因此就必須懷疑一切我們並不絕對肯定的事物。

論證二：我們的感官有時會欺騙我們，因此我們可以懷疑感官提供給我們的訊息，進而懷疑外在世界的存在。

論證三：我們的推理有時會出錯，因此我們可以懷疑那些帶有理性的學科，像是數學。

論證四：我們有時會混淆夢境與現實，我們可能夢見任何我們以為是自己親身經歷過的事情。

結論：我可以懷疑一切，但卻無法懷疑我在思考的事實，因為當我懷疑的時候，我就是在思考，由此一來，就存在某種確實性：存在著某個思考的主體。

確實理解了嗎？笛卡兒獲得了第一個確定的信念，也就是思考主體的存在。如果說，這個主體是笛卡兒本人（那個在1596年出生於圖涵省海亞〔La Hayeen Touraine〕、曾就讀弗烈什中學等等的人），為何會是一種錯誤？

文本閱讀1-2

梅洛—龐蒂

莫里斯・梅洛—龐蒂
Maurice Merleau-Ponty
1908-1961

必須重建對意識的認識

人類並不僅限於思考世界，他本身就是個「在世存在」（être-au-monde）。他首先透過自己的身體被牽連於世界之中。如果我們將世界感知為「已然在此」，並且在意識之前便已存在，難道不是我們的意識建構了對世界的意義嗎？

我只要看到某個東西，就可以知道如何與之相交、接觸，就算我不知道在神經機制中是如何發生的。我可活動的身體在可見的世界中屬於這個世界，是其中的一部分，正是因此，我才能在可見之物中指揮我的身體。此外，視覺也真地取決於運動。我們只能看見自己所注視的東西。如果沒有眼睛的運動，那視覺會是什麼？而如果這種運動本身是反射的或是盲目的，如果它沒有某種觸角或是敏銳度，又如果視覺不先於運動，那眼睛的運動又怎麼會不造成混亂呢？原則上，我的任何移動都在我視野的某個角落上顯示出來，被標記在可見之物的範圍上。我所看到的一切原則上都在我所能及之處，至少在我的視線所及之處，顯示在「我能」的範圍上。這兩個範圍各自都是完整的。可見的世界與我的視覺活動所投射出的世界，都是在同一個[世界的]

存在當中的兩個各自完整的部分（parties totales）。

這種我們尚未給予足夠思考的奇特交疊，不容許將視覺設想為某種思考，某種在精神前面所豎立的一幅畫面，或是對世界的某種再現［…］。觀看者藉由他的身體浸淫在可見的事物當中，這身體本身也是可見的，但觀看者本身並不掌握他所看到的一切：他只是透過凝視接近他所看到的事物，他對世界開放。在他這邊看來，這個世界，這個他身為其中一部分的世界，並不是自在的[1]或是物質的。我的運動並不是一項心靈的決定，並非某種絕對的行為，它並非從主觀的隱蔽深處中所宣告的某種奇蹟般地在占占有空間大小的範圍[2]中進行的位移。我的運動是某種觀看的成熟過程自然而然的結果。我說某樣東西被移動了，卻是我的身體在移動，我的運動自行展開。我的運動並非對自身毫無察覺，並非對自身該如何是盲目的，它是從某個自我中散發出來的……

我的身體同時是觀看者又是可見的事物，這正是疑難所在。觀看一切者，又能觀看自身，並在它所看見的事物中辨認出觀看能力的「另一面」。他觀看著作為觀看者的自己，觸摸著作為觸摸者的自己，它對自己而言是可見的、可感覺的。這個自我並非像思想一樣，藉由［思想的］清晰透明，只想著在思想中領會著、構成著、轉化著自身——而是藉由［身體和世界的］混雜，陶醉在觀看者到被觀看者、從觸摸者到被觸摸者、從感受到被感受的內在性——自我因而在事物之間被掌握、擁有正面與背面、過去與未來……

這是第一個悖論，它將繼續產生其他的悖論。我的身體是可見的，可動的，列於事物之中，是眾多事物之一，它位於世界事物的交織當中，它的凝聚就是一件事物的凝聚。然而，身體既然能觀看與移動，它就讓事物在它的四周環繞，這些事物是身體自身的某種附屬或是延伸，鑲嵌在它的血肉中，是其完整定義的一部分，而世界也是由身體所織就的。

梅洛－龐蒂，《眼與心》，Gallimard，1964，16-19頁。

| 卡斯巴・大衛・費德利希（Caspar David Friedrich），《呂根島上的白堊岩壁》，約1818年，油畫（90.5×71公分），歐斯卡・萊恩哈特美術館（musée Oskar Reinhart），收藏於瑞士溫特圖爾。

1 | 自在的（en soi），存在卻不意識到自己存在者。
2 | 擴延（l'etendue），占據空間者。
審定注：Étendue 在哲學上翻譯為廣延、擴延，用以表示有長寬高的形體。

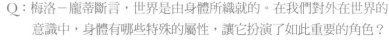

Q：梅洛－龐蒂斷言，世界是由身體所織就的。在我們對外在世界的意識中，身體有哪些特殊的屬性，讓它扮演了如此重要的角色？

Q：根據梅洛－龐蒂的看法，「外在世界」這個說法是否準確？世界純然是外在的嗎？

文本閱讀1-3

康德

依曼努爾・康德 Emmanuel Kant
1724-1804

道德意識指導我們應做之事

康德斷言，所有人都具有道德意識，都有能力判斷自己的行動並知其善惡。事實上，理性是種普世的能力，並在實踐的用途上，能讓我們判斷自己的行動。

關鍵字區分

普世或普遍的（universel）／一般的（général）

道德意識既不取決於個人，也不取決於個人所屬的文化，在這個意義上，道德意識是普世的──它關係到所有人，不論是誰。而我們所服從的法律則是一般的，它會隨著國家不同而改變，因此在這個意義上，它只關係到一部分的人類。

1｜此處指的是道德意識。
2｜任意地（arbitrairement），僅依意願而定，無視於規範的主張。
3｜Infamie，卑鄙，可恥而不光彩的特性。

每個人都有良知[1]，感到自己受到內在法官的監視與威脅，並且因此受到尊重（一種結合了畏懼的敬重）。這種通過法則警醒人心的力量，並不是人自己任意地[2]造就而出的力量，而是一種被併入、內在於人類本質中的力量。當人類試圖逃脫它，它仍如影隨形尾隨著他。人雖然可以藉由種種愉悅和享樂來麻醉自己，或使得自己沉睡般地麻木，卻無法避免自己時不時地回歸自我或片刻的清醒。在這個狀況下，他馬上會聽到良知可怕的聲音。在極度的墮落[3]狀況下，人或許可以做到不理會這個聲音，卻終究無法避免對它的聆聽。

康德，《道德形而上學》，引用出處：Kant: AA VI, Seite 438，根據原文校譯。

Q：一個人能夠為惡的事實，是否對道德意識的普世性提出了反對的意見？
Q：一個人如何能夠同時既是判斷者，又是行動者？這難道沒有對自己不誠實的風險嗎？要解決這個難題，難道不需要在自身之外假定一個凝視自身的目光存在嗎？

文本閱讀1-4

沙特

尚－保羅・沙特 Jean-Paul Sartre
1905-1980

意識是對於「沒有理由卻必須選擇」的焦慮

「存在先於本質」，意即人是什麼並不是事先被定義。人只不過是自己所做的一切，是他的行動定義了他。沙特在此斷言，人類發現自己有無限的自由時，也為了只有自己能為自己的選擇負責感到焦慮。

| 曼・雷（Man Ray），《堅不可摧》（*Indestructible*），1923，節拍器與照片，私人收藏。

我描述的這種無神論的存在主義，比較一致。它宣告：如果神不存在，那至少還有一種存有，它的存在先於它的本質，這種存有在任何某個概念能夠對它定義之前，便已經存在，而這種存有就是人［…］。在此，所謂「存在先於本質」是什麼意思呢？意思是人類要先存在，他遇到了自己，要出現在這個世界上，然後他才定義自己。按照存在主義者所認為的，人類如果是不可定義的，那是因為他一開始什麼都不是。他只有在後來才會成其所是，而他將變成是他讓自己所成為的東西。因此，並不存在什麼人類的本性，因為並沒有上帝來

設想他的本性。人僅只是存在著，不僅作為他對自己的設想而存在，而且作為他希望自己是什麼而存在。而正如他是在存在之後才對自己有所設想，他也是在奔向存在之後才對自己有某種期望；人只是他讓自己所成為的東西，除此之外，什麼都不是。這就是存在主義的第一原則。

沙特，《存在主義是一種人道主義》，1946年。

Q：當沙特寫下：「人一開始什麼都不是。」他所指的是什麼意思？

Q：為何他接著斷定：「人只是他讓自己所成為的東西，除此之外，什麼都不是」？

Q：為何這個斷言神不存在的無神論預設，對沙特論證「人並沒有什麼本性」十分重要？

> **從文本到論證——文本閱讀 1-1、1-2、1-3、1-4**
> 在閱讀過前述文本後，請解釋在「意識到自己的存在」與「意識到自己的行動」之間，我們可以找出什麼樣的關聯。我是否能在我的行動以及（真實的或假設的）他人對我的行動的凝視之外，意識到自己的存在？

Q2：我們能否認識自己？

因此，意識帶給我們某種知識（認知），但意識到自己，知道自身存在，這就是認識自己嗎？「我」是否能成為認識的對象？下面幾篇文本閱讀，探究對所謂的「我」的認識及其存在的可能。

我是什麼？

文本閱讀 2-1

巴斯卡

布萊茲·巴斯卡 Blaise Pascal
1623-1662

「我」可能是某種持續的、在變動中延續不變的東西。然而，在那些可能會消失的特質之外，是否存在某種永久存在，可以被人們稱之為「我」的東西？

自我是什麼？

有個人靠在窗邊看路上的行人，如果我正好走過，我能說他靠到窗邊是為了看我嗎？不行，因為他並沒特別想到我。但一個為了某人的美貌而愛對方的人，他愛的是對方嗎？不，因為只要一場天花[1]，消滅了那人的美貌卻沒消滅那個人，就會讓他不再愛對方。

那如果有人為了我的見解、我的記憶而愛我，他愛的是我嗎？

1｜天花（vérole），或variole，傳染病，會在皮膚上長滿膿疱。

| 保羅・德爾沃（Paul Delvaux），《洞穴中的女人》（*Femme dans une grotte*），1936，油畫（71×91.5公分），提森－博內米薩博物館（Thyssen-Bornemisza Museum of Art），收藏於西班牙馬德里。

1 | 實質（substance），穩定存在、就算遇到變動也持續存在，是特質所依附的東西。

2 | Offices，官職，公職。

不，因為我可以喪失這些特質，卻不會因此失去我自己。那麼，如果這個我並不在肉體中，也不在靈魂中，這個我究竟在哪？而如果不是為了這些特質，那人們如何能愛一副肉體或是一個靈魂？既然這些特質終將消滅，那自我就不是由它們所構成的。人們是否能抽象地愛一個人靈魂的實質[1]？但那個人身上的特質呢？這是不可能的，也是不正確的。因此，我們的愛永遠不是人，而只是一些特質。

所以，我們就別再嘲笑那些為了公職或官階[2]而洋洋自得的人了吧！因為我們並不愛任何人，只愛他們矯飾的特質。

巴斯卡，《沉思錄》，〈567節〉，Sellier文庫，口袋版，2000，377頁。

Q：如果身體發生變化，我們可以假設有個靈魂持續保持同樣的存在，並確保了「我」的存在。巴斯卡對這個假設的看法為何？

Q：為何「抽象地愛著一個人靈魂的實質」是不正確的？

文本閱讀 2-2

休謨

大衛・休謨 David Hume
1711-1776

3 | 完美的簡單性（simplicité parfaites），這裡指的是笛卡兒和他的我思（cogito，我思故我在）。

「自我」並不具有穩定性

休謨強調經驗，以對「自我」提出質疑：「我」這個字眼難道不是掩蓋了一個虛構過程嗎？內省被我們吹噓為自我認識的法門，但顯示出的也只是我們在各個時刻的感知罷了。

有些哲學家想像：我們無時無刻都內在地意識到我們所謂的「自我」；我們感受到它存在且持續存在；而我們無需以推論為證明，便能肯定這個「自我」完美的同一性與簡單性[3]。[…]

對我來說，當我更內在地深入到這個我所稱的「自己」時，我總是碰到這樣或那樣特定的感知，像是熱或冷、光或影、愛或恨、痛苦或歡愉。若是沒有感知，我無論何時都無法捕捉到自己，而除了感知之外，我永遠無法觀察到任何事物。一旦我失去了感知，不論多久，

例如我酣然入睡的期間，那在這段時間內我便對我自己毫無知覺，因此人們真的可以說我並不存在。要是我因死亡而失去了感知，在我的身體分解之後，我便不能思考、感覺、觀看、愛，或恨，那我便將完全消滅[1]，而我也無法設想還需要什麼讓我變成徹底不存在的了[2]。

休謨，《人性論》，1739，Aubier Montaigne 譯本，1983，342-344頁。

理解命題的論證──文本閱讀 2-2

命題：我們所謂的「自我」，是種可疑的、我們對他無法有所經驗的。

論證一：內省總是會在某個特定時刻不可避免地碰上某種特定的感知或感覺。▶ Q：內省是否真的只能讓我們擁有當下的體驗？

論證二：我感知不到，就沒有意識，也就沒有「自我」的存在。

論證三：如果我們消除一切感知，也就等於死亡的處境，「自我」就不存在了。

確實理解了嗎？ 如果我們認為自我只存在於當下的感知，我們能否說自我存在，卻是不連續的？這對於「自我」的定義又將提出什麼樣的問題？

在關於我們自己的事情上，意識欺騙了我們

文本閱讀 2-3

尼采

費德利希・尼采 Friedrich Nietzsche
1844-1900

　　尼采倒轉了笛卡兒採取的觀點：由自我意識出發是錯的。對於「清楚知道的事情」要小心，因為以為自己知道什麼，會讓我們避開思考，而思考正是在於將第一眼看來可能顯而易見之事視為可疑的。

　　我們「知識」（Erkenntnis）概念的起源──我在街頭得到下述的解釋：我聽到在群眾中有人說「他認識我」，我同時自問，群眾到底將知識理解為什麼？當他想要「知識」時，他想要的是什麼？他們要的不是別的，而是要讓某種陌生的事物回歸於某種熟識之物（etwas Baknntes）。而我們哲學家──我們對於知識又多知道了什麼？熟識（das Bekannte）意謂著：我們對之已經習慣到不會感覺到驚訝，如我們的日常生活、我們身處其中的任何一個規則、我們對之感到熟練的所有一切：──怎麼？我們對於認識（Erkennen）的需求難道不正是對熟識的需求？不正是那個在所有陌生的、異常的、有問題者當中找出某種不再令我們不安的事物之意志嗎？這難道不應該就是恐懼的本能，那個

我們稱之為認識的？認識者的歡呼難道不應該正是那個再次達到安全感的歡呼？ [⋯] 噢，這關於認識者的知足！看看在其中他們的原則以及對世界之謎的解答！當他們在事物之中、事物底下、事物背後再次找到了某物──可惜都是我們非常熟識的事物，例如我們的基礎知識、我們的邏輯或我們的意願與渴求──，他們立刻就歡天喜地！因為「什麼是熟識的，那就是認識」：對此，他們一致同意。就連他們當中最小心的人也認為，至少熟識物比陌生物更容易被認識；例如在方法上顯示為由「內在世界」或「意識的事實」出發，因為它們對我們而言應該是比較熟識的世界！錯誤中的錯誤！熟識就是習慣，而習慣是最難認識的，這意味著將之視為問題、視為陌生的、遠離的、外在於我們的……。相較於心理學和意識要素的批判──一般所謂的非自然科學──自然科學的最大確定性就建立在其將陌生物視為研究對象：然而，希望將非陌生之物視為研究對象，這幾乎是某種矛盾以及荒謬之事。

尼采，《快樂的科學》，〈第五卷〉KSA 3，593-595頁，根據原文校譯。

Q：我們區分主體與客體。主體是思考者，而客體是被思考的對象。從這個區分出發，請解釋文本的最後一句話：「希望將非陌生之物視為研究對象，這幾乎是某種矛盾以及荒謬之事。」

文本閱讀2-4

萊布尼茲

哥特弗里德‧威廉‧萊布尼茲
Gottfried Wilhelm Leibniz
1646-1716

我們的行動醞釀於無意識之中

萊布尼茲告訴我們，如果我們選擇做出這個決定而非另一個決定，並不是因為我們麻木無感，而是因為我們的選擇被我們自己所意識不到的「細微知覺」所決定。

為了回到我們要說的不安[1]，亦即回到總是讓我們屏息凝神的、難以察覺的細微挑撥[2]，這些都是都是複雜而含混的影響，以至於我們經常不知道自己缺少什麼，而在愛好[3]或是熱情[4]中我們至少知道我們需要的是什麼，儘管含混的感知同樣會以其方式產生作用，而這些相同的熱情也會導致這樣的不安或是渴望。這種衝動就像許多小小的推動力，力圖解開束縛，讓我們這台機器開始運作。前面我已經指出，正是由此，在我們看來最無感的時候，我們也絕不是全無所謂；例如，我們在道路的盡頭選擇右轉而非左轉。因為我們所做的決定，出自於這些我們感覺不到的決定因素，混合了對象的行動與我們體內的活動，讓我們在動搖時感到以這種而非那種方式更為自在。我們在德文將鐘錶的鐘擺稱為躁動 (Unruhe)，意思是不安 (inquiétude)。我們可

1 | 不安 (inquiétude)，指不停止的現象。

2 | 無法察覺的作用力 (sollicitations imperceptibles)，又稱為「細微知覺」(petites perceptions)，它們無法被察覺、被意識，因為它們非常細微（在我們能意識到或是覺察到的門檻以下）或是我們對之早已習慣（再也意識不到它們的存在）。

3 | 愛好 (inclinations)，傾向，習慣意義上的欲望。

4 | 熱情 (passion)，強烈的偏好。

以主張，在我們體內也有一樣的鐘擺，它永遠不會徹底感到安舒：因為當它一靜下來，客體產生的某種新的印象，在我們器官、血管與臟器中的的某個細微的變化，便將首先改變平衡，而作出微小的努力，好讓自己維持盡可能良好的狀態。這就產生了某種持續的拉扯，造成了所謂我們自己鐘錶的不安，使得這個名稱符合我的意思。

萊布尼茲，《人類理解新論》第六節，Nouveaux Essais, II, Kap. 20, §6，根據原文校譯。

從文本到論證──文本閱讀2-1、2-2、2-3、2-4

文本閱讀2-1、2-2、2-3提出，「意識到自我」與「認識自我」，兩者之間有所差異。請利用上述文本，解釋你你自己身上這兩種差異如何存在。

在讀過文本閱讀2-4之後，請回答下述問題：如果在我們的選擇與我們的行動中，我們受到了自己所感受不到的許多細微感知所決定，那自由能存在嗎？

Q3：為何要假設無意識的存在？

無意識的假說能否解釋意識所無法理解的現象？例如夢境、失誤行為、口誤，但也包含了強迫行為：如果我們不假設無意識存在，許多現象看來就會像是瘋狂的一樣。

自戀創傷

文本閱讀 3-1

佛洛伊德

西格蒙德・佛洛伊德 Sigmund Freud
1856-1939

　　心理無意識的假說激發了強烈的反對意見。對於這種拒斥，佛洛伊德的解釋是：它的假說迫使人類更謙卑：人類自以為無所不能，但事實上，他卻完全不是自己的主人。

　　幾個世紀以來，科學使人類天真的自我中心蒙受兩次嚴重打擊。第一次，是科學指出地球根本不是宇宙的中心，而不過是在我們無能描述其宏大的宇宙系統中[1]，微不足道的一小片土地 [⋯]。對人類的第二次打擊，則是來自生物學的研究，藉由確立人類在動物王國中的後繼身分，以及他堅不可摧的動物天性[2]，生物學將人類自居受造秩序中最優越地位的自負消除殆盡。[⋯] 第三次打擊人類的自大[3]的是當代的心理學研究，它企圖向自我展示：自我不是自己家裡的主人，而縮減為只能在自己的心理生活中，得到少數零碎的關於自己意識之外發生了什麼的訊息。

1 | 哥白尼提出的太陽中心說，結束了地球中心說的主流地位。

2 | 達爾文提出以天擇（適者生存）和既得特徵遺傳傳承為基礎的演化論。

3 | 自大（mégalomanie），過度的驕傲。

佛洛伊德，《精神分析引論》，1916，Payot 與 Rivages 出版，2001，343-344頁。

Q：太陽中心說（héliocentrisme）與演化論的理論，為何能迫使人類變得更謙卑？這兩個理論質疑了什麼？

Q：這些理論和精神分析學所提出的心理無意識的假設有什麼共通點？

文本閱讀3-2

佛洛伊德

西格蒙德‧佛洛伊德 Sigmund Freud
1856-1939

無意識的假說解釋了無法解釋的事物

在遭遇各方反對的情況下，佛洛伊德試圖指出：心理無意識的假說具有合理性。缺乏這個假說，我們許多行為就無從解釋，但透過這個假設，我們就可以理解這些行為。

人們從各方面質疑我們採納心理[1]無意識的假說、以及在科學上予以研究的權利。對此我們可以回答：這個假說是必要而合理的，而且我們有許多證據可證實無意識的存在。這個假說是必要的，因為意識提供給我的訊息極不完整[2]；健康的人和病患經常會產生心理活動，而要解釋這些活動，卻必須以其他活動為前提，而意識所提供的訊息無助於說明這些活動。這些活動並不僅限於健康人的失誤行為[3]和夢境，還包括一切我們所謂患者的心裡症候與強迫現象[4][...]。如果我們堅持主張：發生在我們裡面的一切心理活動，意識都必須感知得到，那一切的意識活動就會是不一致而無法理解的；但如果我們加上[5]所推論得出的[6]無意識活動，那所有的心理活動就會成為有秩序的整體，我們可以指出其連貫性。然而，我們在所得出的意義與連貫性中，發現一個完全合理的理由，可以超越直接經驗的限制。而如果更進一步，我們證實可以在無意識假說的基礎上建立某種成功[7]的臨床實踐，我們可以藉由這種實踐，按照某個既定目標，影響意識的過程，那這樣的成功，就能讓我們得到無可置疑的證據，證實我們假設的無意識存在。因此，人們就應該贊同：強烈要求心理領域中產生的一切，意識也都應該知道，所付出的代價只會是站不住腳的奢望。

佛洛伊德，〈無意識〉，《後設心理學》，1915，
J. Laplanche與J.-B. Pontalis譯本，
「Folio essais」文庫，Gallimard，1968，66頁。

1｜心理（psychique），與精神相關。

2｜不完整的（lacunaires），局部的。

3｜失誤行為（acte manqué），指我們做了某件自己不想做的行為，而這個行為揭露了某種無意識的欲望。「失誤行為就是某種企圖的成功。」

4｜強迫現象（phénomène compulsionnel），無法抑制不去做的傾向：主體感到被迫以重複的方式做出某些行為，儘管主體承認這個行為的荒謬性，例如連續多次洗手。

5｜加上（interpoler），在兩個既有事物之間引入某個新的事物。

6｜推論（inféré），由既有資料做出推斷。

7｜成功（succès），精神分析的療癒。

理解命題的論證──文本閱讀3-2

命題：心理無意識的假說是必要而合理的。

論證一：意識所提供的訊息並不完整，無法解釋某些行為。

▶ Q：健康的人身上有哪些意識無法解釋的行為？

論證二：無意識的假說對於解釋這些行為是必要的，並使這些行為的解釋具有連貫性。

論證三：精神分析的臨床實踐在病患身上產生了影響。

被壓抑的事物雖被遺忘，卻未被抹消

文本閱讀 3-3
佛洛伊德
西格蒙德・佛洛伊德 Sigmund Freud
1856-1939

無意識的東西是被壓抑的。但壓抑是種複雜的心理機制，佛洛伊德在本文中透過某種空間的描繪予以說明，但這只是個形象化的比喻。

因此，我們可以把無意識的系統看作一間寬敞的候見室[1]，各種心理傾向在這裡就像是活生生的人一樣互相爭擠著。這間候見室的隔壁是另一個較為窄小的房間，類似於某種會客室，意識就在這間會客室裡。但在候見室與會客室的入口，有個守衛負責審查每個心理傾向，如果他不喜歡，他就會擋下來，不讓對方進到會客室裡。[…] 待在候見室裡的心理傾向就屬於無意識，不被在隔壁房間的意識所察覺，這些心理傾向因而是無意識的東西。當它們到會客室門口，被警衛遣回，於是就無法被意識到，因此我們說它們是被壓抑。但是這些警衛所允許通過門口的心理傾向，也不必然因而被意識到：只有它們在能夠成功引起意識注意的時候，才會成為被意識到的事物。因此，我們稱這第二個房間為前意識的系統 (pré-conscience)。因此，需要某個過程才能被意識到的事實，純屬描述的意義。壓抑的本質在於：某個特定的心理傾向被守衛擋住，而無法從無意識進入前意識。當我們試圖透過分析治療來結束壓抑時，這個守衛就會以抗拒的形式出現。

佛洛伊德，《精神分析引論》，1916，Payot 與 Rivages，2001，355-356 頁。

> 1｜候見室（antichambre），等候的房間。

「我不是自己家裡的主人。」
——佛洛伊德，《令人不安的奇特行為及其他論文》

Q：這裡提出了三種區分：無意識、意識與前意識。但卻只有兩個房間，會客室與候見室。佛洛伊德把這三種區分分別安排在什麼位置上？

Q：被壓抑的心理傾向無法被意識到。然而它們在個人的心理生活中消失了嗎？

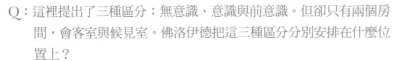

從文本到論證——文本閱讀 3-1、3-2、3-3

佛洛伊德聲稱：「本我所在之處，應成為自我」(Wo Es war, soll Ich werden)。這意思是不被意識到的事物應該變成被意識到的事物。借助上述文本閱讀，思考佛洛伊德的假說所激起的反對意見，在你看來，要意識到自己的無意識，第一步該怎麼做？

進階問題思考

PASSERELLE

Q4：無意識會讓我們不用負責嗎？

▶見第二冊〈道德哲學導論〉、〈自由〉

1. 我們並不完全是自己的主人

讓我們承認：我們並不完全是自己的主人，我們有些無法控制的欲望，我們都會經歷一些自己無意識的傾向，卻對它們一無所知。對於一切我們可能會做但又不想擔負責任的事情，我們難道沒有在此找到某種藉口？事實上，每次我們做了錯事，或許應受懲罰時，我們都可以用心理無意識作為理由，藉口宣稱我們並不想這麼做，但卻受到無意識衝動的強迫。此外，語言的表達也承認了自我控制的不足。當我們說某人「不再是他自己」，或甚至「不由自主」（hors de lui）的時候，這意指某人似乎不曉得自己在做什麼，他的舉動彷彿是服從於某個他所無法控制的更高的力量。這是否因而讓責任成為有問題的概念？（▶見文本閱讀4-1，38頁）

2. 我們仍應為自己的衝動負責

然而，無意識的事物是可能變成有意識的事物，而面對自我的功課，就在於了解到我們自身的陰暗面。這是必要的，原因在於：儘管我們無法控制這個陰暗面，我們還是必須為它負責（▶見文本閱讀4-2，39頁）。儘管沙特斷言代表審查行為的守衛應該對於什麼是應該壓抑的事物有所意識，但他指責這個假說，認為這是一種自我欺騙（mauvaise foi，▶見文本閱讀4-3，40頁）的補充策略。按照他的看法，無論發生什麼事，人都是自由的，沒有任何事情能限定他不能照他所選擇的去行動，而他也應該承擔他的各種責任。

文本閱讀4-1

阿蘭

阿蘭 Alain
1868-1951

無意識是無效的不在場證明

阿蘭指責佛洛伊德的假說，認為這是種虛幻的發明，創造出一個「我體內的怪物」，讓我做出某些自己無法承認的行為。這完全是個道德問題：我們必須要能為自己的行為負責。

無意識一詞有其難解之處。主要的困難在於要了解心理學如何想像出這個神話人物。我們都清楚，不被意識所掌控的心理機制，會產生我們無法了解其理由的結果（例如，我的害怕）。在這個意義上，人類的天性和動物的本能一樣，是無意識的，兩者的理由相同。我們完全不會說本能是無意識的。為什麼？因為並沒有什麼動物的意識，能夠讓本能對它產生這些效果。無意識是意識中的對比效果（effet de contraste）。[…] 事實上，人類習慣於擁有身體與本能。精神醫師對這種

獨特的秉性做出了對比：他們發明了這個怪獸；又將牠從寓居其中的人，抬高了牠的地位。佛洛伊德主義，如此聲名遠播，但卻是種根據普通的符號，在每個人體內創造一隻可怕怪獸的技藝。夢就是這樣的符號：一直以來，人類都會詮釋夢境，夢中的象徵體系相當簡單。佛洛伊德樂於指出我們被這個簡單的象徵體系騙了，我們的象徵都是間接的[1]。性方面的事物顯然躲過了意志與預測，這是人們親自參與的自我之罪。由此人們猜想，這種本能提供了豐富的詮釋。人類對自己是誰是模糊的，是有待認識的。只是在此我們必須避免許多以無意識這個詞為基礎的錯誤。這些錯誤中，最嚴重的是相信無意識是另一個自我 (Moi)；一個帶有偏見、熱情、詭計的自我；像是某種惡天使，某個魔鬼般的建言者。與此相反的是，必須理解的是，如果不是出於獨一的主體，我 (Je)，在我們身上是沒有任何思想的；這個看法屬於道德層次。

阿蘭，《哲學要素》，1941，「Folio essais」文庫，Gallimard，1990，155頁。

1│在《夢的解析》裡面，佛洛伊德質疑傳統的卜夢（或稱釋夢）。

Q：阿蘭承認某些事物是無意識的，但他否定心理無意識這個佛洛伊德學派的假說。根據他的看法，什麼是無意識的？

Q：佛洛伊德提出神話做為參考，力圖說明這個假說的科學性時（▶見文本閱讀3-2，36頁），這個假說被還原成什麼？

無意識並不會解除我的任何責任

文本閱讀4-2

佛洛伊德

西格蒙德·佛洛伊德 Sigmund Freud
1856-1939

下面這段選文寫於上述阿蘭的文本之前，卻像是在回應阿蘭，並試圖消除誤解：無意識的假說並不是種藉口，並不會讓人免除自己的責任。

確實，精神病學 […] 辯稱：陌生狡詐的精靈已經滲入了心理生活；但另一方面，精神病學也滿足於聳聳肩說：「道德墮落、遺傳的氣質、體質劣勢！」精神分析著手澄清這些奇特病患的案例，大膽地投入長時間的細緻調查，創造輔助的概念與科學性的建構，因此精神分析終於可以對我說：「沒有什麼奇怪的東西進入你裡面；這是你的心理生活的一部分，它躲避你的意識、不受你意志所控制的一部分。此外，這就是為什麼你會如此難以自我捍衛：你用自己一部分的力量來和另一部分對抗：你無法像對抗一個外在的敵人一樣，動用你全部的力量。而與你身上作對、變得像是獨立不受控制的心理力量，甚至不是最惡劣或是最微不足道的部分。我得說，責任完全都在你身上。當你以為自己可以照你所想的去掌控你的性衝動，一點也不看重這些衝動的傾向時，你太過高估自己的力量。事實上，這些衝動會起而反

抗，並依照自己隱而不顯的方式避免受到壓抑，並以某種不再能讓你滿意的方式要求你承認它的存在。[⋯] 因此，在這樣的時刻，放手讓自己接受它的教育吧！你的心理和你所意識到的並不相符；這是不同的兩件事，你的靈魂裡發生了某件事，而你會從另一方面得知。[⋯] 你把自己當成絕對的至高主宰，滿足於朝廷高官所帶來的情報，不願下到市井中聆聽人民的聲音。進入你自己裡面，你內在的深處，先從學著認識自己開始，這樣你就能理解為何你會患病，而你或許就能避免疾患。」

佛洛伊德，〈精神分析的爭議〉，《令人不安的奇特行為及其他論文》，
F. Cambon 譯本，「Folio essais」文庫，Gallimard，1985，184-186 頁。

Q：為何佛洛伊德斷定，「你的心理和你所意識到的並不相符」？

Q：根據佛洛伊德的看法，我們為何負有責任，儘管我們並不對一切我們內在發生的事情有意識？

文本閱讀 4-3

沙特

尚-保羅・沙特 Jean-Paul Sartre
1905-1980

人類對自己與全體人類負有責任

人類根本上是自由的。根據沙特的觀點，我們永遠無法以外在情勢、我們的「本性」為藉口，更不用說是某種可能會掌控我們的無意識衝動了：我們無可救藥地是自己的創造者，而我們的責任是無限的，因為我們也對於全體人類有責任。

1 | 對於某種被製造出來的事物而言，本質先於存在：一切被生產的存在，都必須先經過思考、設想、界定，才能存在。相反地，對於人類而言，存在先於本質：他並未被預先界定，是他的行動、他的選擇在定義他。

但如果存在真的先於本質[1]，人類就對自己是什麼樣的存在負有責任。因此，存在主義的第一步，就是讓所有人擁有自己的存在，並將存在的全部責任建立在他身上。當我們說「人應對自己負責」時，我們的意思並不是人對自己最低限度的個體性負有責任，而是他對所有人負有責任。[⋯] 當我們說「人為自己選擇自己」時，我們的理解是：我們每個人都得選擇自己，但在此我們的意思也是：透過為自己做選擇，他也為所有人做出選擇。事實上，在創造出我們想成為的人時，選擇並非是我們的其中一個行動而已，同時也創造出那個我們所認為人應該要怎麼樣存在的形象。選擇成為這樣或那樣的存在，就是同時肯定我們所選擇的價值，因為我們永遠不會選擇對我們不好的事物；我們所選擇的，永遠是對我們好的；而沒有什麼會是只對我們來說是好的，卻不是對所有人都是好的。[⋯] 因此，我們的責任比我們所能想像的大得多，因為它關乎全體人類。假使我是工人，如果我選擇加入的是基督教工會而不是成為共產黨員，如果我想藉由這個加入表明：屈服最終是最適合人類的解決方式，人的國度不屬於這世界，

我不僅適用在自己身上：我想要的是為所有人而屈服，因此我的作為就牽涉了全體人類。[…]因此，我對我自己負有責任，也對所有人負有責任，我創造了我選擇的某種特定人類形象：在選擇自己時，我為人類做出了選擇。

沙特，《存在主義是一種人道主義》，1946，
「思想」文庫，Gallimard，1946，22-27頁。

理解命題的論證——文本閱讀4-3

命題：人類對自己與全人類都負有責任

論證一：人是自由的，並透過選擇界定自身，因而對自己的選擇負有責任。▶Q：如果我們並不自由，我們是否還能做出選擇？

論證二：但為自己做選擇，就也是為所有其他人做出選擇，表示這項選擇對所有人都好。▶Q：當沙特表示：「我們永遠不會選擇對我們不好的事物。」他的意思是什麼？

論證三：因為在一切的選擇背後，都有一個理念，即這項選擇對任何其他人而言都是正當的。▶Q：康德如此表述絕對律令的道德原則：「永遠要以這個你所能夠希望的方式來行動：自己的行動準則同時成為普遍法則。」這為我們指出了我們的義務所在。如果說沙特重拾了可普遍化的選擇的概念，那麼他並不是從義務而是從責任的角度提出這個問題。請解釋這兩者的不同。

確實理解了嗎？把沙特的主張認為是「我們將自己的選擇強加在他人身上」這為何可能是錯的？

從文本到論證——文本閱讀4-1、4-2、4-3

當我們做錯事要自我辯護時，我們經常會聲稱「這不是我的錯」或「我不是故意的」。基於什麼，上述三篇文本的任何作者都不會接受這些所謂的藉口？

延伸思考

OUVERTURE

電影

Q：我們是自己過去的受害者嗎？

電影：亞佛烈德・希區考克（Alfred Hitchcock），

《艷賊》（*Pas de printemps pour Marnie*），1964年。

劇情大綱

　　希區考克的靈感來自溫斯頓・葛拉漢（Winston Graham）的小說《瑪妮》（*Marnie*），小說內容是一個偷竊成癖的冷感女子經歷了一場精神分析。他發展成一個心理驚悚片的劇本。瑪妮（黛碧・海德倫飾）是個變化無常的年輕女子，她經常從收銀台偷走現金之後，就另謀高就。貴族出身的馬克・魯特蘭（史恩・康納萊飾）發現了這個祕書的伎倆，大為驚駭，但還是聘用了這名女子。有一天，她偷光了保險箱裡的錢，逃跑了。馬克發現遭竊後，追上瑪妮，並給她兩個選擇，結婚，不然就向警察舉報。

偷竊成癮的女子迎面碰上陷入愛河的男子

　　亞佛烈德・希區考克在劇中呈現了一個扭曲的女性人物，她的反常行為矛盾地激起了男主角的欲望。這個男人想扮演愛人與精神分析師的雙重角色，故事因此創造出強烈的敘事張力。他是否能在自己受到對方吸引，又試圖掌控她的情況下，治癒他所愛的女子？瑪妮的「治療」過程雖不可靠，卻凸顯了一個執迷男子與一個強迫性精神官能症的女子在愛中獲得救贖。

瑪妮，一個精神分析「案例」

　　這名女子深受恐懼症（恐懼紅色、橘色事物）、衝動（偷竊成癮），以及不敢（拒斥親近男性）所苦，故事要到很後來才揭示，這是她嬰兒時期創傷所造成的結果。馬克明確表達願意幫助她找回記憶，但她以激烈的行為表示反抗（逃跑、起伏不定的歇斯底里、企圖自殺等等）。對於他自封為拯救者的角色，她看得很清楚，並且毫不遮掩地嘲笑他做的是「野蠻的」精神分析（在字彙自由聯想的場景）。

| 希區考克，《艷賊》，1964年，電影海報

| 希區考克，《艷賊》，1964年。

哲 學 時 事

Q：認識自己真的如此必要嗎？

　　克萊蒙‧羅賽（Clément Rosset, 1939- ）以多部哲學著作，探究同時代人們的各種幻覺。人類發明了各種逃避真實的方法：為了自我保護，人們相信「另一個世界」，一個真理的世界或道德的世界。但羅賽主張：人們可以熱愛真實，無需隱瞞它的殘忍，甚至真實的恐怖也能讓我們得到啟發。

德爾斐神廟的箴言「認識你自己」是騙人的真理

　　讓我們從頭回想一下，「認識你自己」並不是出自蘇格拉底，那是柏拉圖在《申辯篇》的誤導。這句口號（希臘文是 *gnothi seauton*）銘刻在德爾斐的阿波羅神廟的門楣上。這就是為什麼我們必須認為，這句箴言的價值，就相當街頭發送小卡上的金句，例如「我將重新成為被愛的存在」，甚至占星師自創的名言，如「進來了解你的未來」等。過去的希臘人較為迷信，神廟因而吸引了大量的朝拜者和輕信的傻瓜，人們為了聆聽神諭更是樂於解囊。認識自己的許諾當初只是個有效的廣告標語，如今，我們對於德爾斐神廟的智慧又自行添加了許多崇高的理念。阿波羅的女祭司[1]在通靈時對人們說一些晦澀難解的話語，換得以黃金支付的報酬，因為人們認為她們的話中包含了未來訊息的密碼。這就是希臘人著名的「認識你自己」。

大衛‧布蘭哲（David Boulanger），《收藏家》（*Le Collectionneur*），油畫（41×33公分）。

1 | Pythie，阿波羅神廟裡說神諭的女祭司。

認識自己作為心理主體是不可能的

　　想要認識自己，在我看來，是種無效的信念，也毫無吸引力。不管怎麼說，這都是建立在誤解之上的追尋，因為這樣的認識在本質上是不可能的。英國哲學家大衛・休謨第一個注意到，我們不可能進入到對自己（也就是對自我的同一性）的真正認識，或換句話說，不可能去認識我們個人的同一性。我們掌握到的自己，如同是將無法協調的知覺拼湊起來的事物。我可以知道自己感到熱或是冷，憤怒或是愉悅，以及在我腦中所縈繞的這個想法或是那個曲調。有一堆感受和想法在我之中移動著。然而，這就足以構成我可以理解的統一體或是整體了嗎？不，沒有什麼能向我擔保我存在的連續性，如果我把自己的存在理解為某種心理主體的話。我能掌握的只有整體中各自分開的片斷，但我依然無法認識整體。蒙田也預想過大衛・休謨在《人性論》中所提出的論證：「我們的實存，不過是一些鑲嵌上去的配件。」在我看來，這個看法見解非凡；對我而言，這是顯而易見的。然而，我在發表《我遠離自己》這本評論時重提這個命題，時下的評論者還以為我在說笑，以為我不懷好意地主張一個矛盾的命題。

我們面對的問題：責任

　　事實上，對於自我、對古老而著名的「我」的存在，休謨所提出的反對意見如此有力，直接讓康德無法成眠。康德因為休謨的反對意見從獨斷論的夢中醒來，因而寫了《純粹理性批判》，裡面有部分是在回應休謨的論證。在這本名著中，康德試圖把摔破的碎片黏合成瓶子。他承認，關於上帝、世界與自我，我們什麼也無法肯定。然而，他堅持自我存在，儘管我們無法認識自我。他用最哲學的術語解釋：我們掌握自己的形式，是透過分割而不連續的現象[1]，正如同休謨早已預見的一樣。然而，他認為我們卻擁有某種稱為「本體」（noumène）[2] 的本質，本體對我們隱藏起來，因為我們無法脫離我們自己而去思索它。對康德而言，這是個未證成的假設，是種粗糙的修補。為何康德不計代價也要讓自我存在？因為他怕如果「我」成了虛構，成了某種互不協調的現象的集合，那我對我自己的行動還負有責任嗎？一切道德豈不都將一掃而空？

解決方法：還有社會身分存在

　　針對這個令人擔憂的問題，我提議的解決方法在於簡單的常識，也就是：如果深處的自我、個人身分的同一性或是主體性不存在，那至少還有某種穩定的、可確信的東西存在，那就是社會身分的同一性。實際上，這可歸結為某些塑造公民身分的客觀屬性：我在哪裡、在哪天出生，我住哪裡，我做什麼工作。你看，這就是身分的同一性所包含的、我們確實可以進一步討論的內容。然而這卻是個強而有力

1 | 現象（phénomène），事物對我們呈現的樣子。

2 | 本體（noumène），或稱為物自身（chose en soi），作為自身之事物，而非像我們呈現的樣子。

的判準，因為它讓我們可以藉此區分健全與瘋狂的心智。一個心智健全的人可以在關於自己的事情上告訴你各種錯誤訊息，他可以說謊，吹噓自己具有各種其實沒有的德性，甚至還能以此說服自己。但這樣的他還是處於健康狀態的。等到你想不起自己的年齡、住處、在哪裡度過童年，你就罹患了精神疾患。正是因此，如果你想嚴肅而協調地面對「你是誰？」這個問題，一個人除了出示他的身分證件或是稅單，沒有別的作法。

為了證明認識自己是如何地不可能，讓我們回想一下一個我們每天都會經歷的體驗：凝視鏡子的經驗。我相信我認識自己，不是嗎？但是看鏡子一眼，我卻認不出自己。顯而易見的是，鏡子裡的影像與我的形象之間的對應，並不更甚於與他人形象的對應：那是二維的影像，沒有立體感，並且左右相反。因此，鏡子裡那個存在並不符合我對我自己的認識，也不符合其他人對他自己的認識。那是個建構物，是種複製品，而非實際的存在。然而，相較於鏡子，在認識我們自己這件事上，我們所能做的並沒有好多少。[…]

克萊蒙．羅賽訪談，Alexandre Lacroix紀錄，
《哲學雜誌》35期，2011年12月－2012年1月號。

思考時事的哲學問題

1. 為了處理下述主題：「我是誰？」這個問題是否假定有正確的回答？

本文可幫助你區分兩種身分認同。

a- 第一種身分同一性，稱為「心理主體的」甚至是「個人或主體的身分同一性」，這指的是主體對自己、對自己的記憶、對自己當下的印象、對他的情感等等的意識。請參考巴斯卡（▶見文本閱讀2-1，31頁）和休謨（▶見文本閱讀2-2，32頁）的文本，解釋為何這個「自我」無法被認識。

b- 第二種身分同一性，是社會身分同一性。是什麼界定了社會身分？為何這種身分同一性比個人身分同一性更為穩定？

2. 為了處理下述主題：人是否注定要創造自己的幻象？

本文幫助你討論某種自我認識的可能性。

a- 幻象可界定為某種伴隨著自我欺騙的欲望所產生的錯誤。個人身分同一性在什麼程度上是種幻象？請參考尼采的文本（▶見文本閱讀2-3，33頁）。

b- 這個主題的表述方式暗示：如果個人身分同一性確實是幻象，那這種幻象是一種惡，而人類就是「注定如此的」了。本文再次質疑這個說法。

哲學練習

―――――┼―――――

EXERCICES

練習1：掌握詞彙

下面的描述都以「意識」(conscience) 一詞來造句。請指出這些描述指的是反思的意識（或自我意識）還是道德意識：

a. 我良心不安

b. 良知的重量

c. 她已經完全失去意識了

d. 她在靈魂與良知中做出判斷

e. 她意識到自己的不足

f. 良知事件

練習1試答

「良心不安」意指有所悔恨；「良知的重量」指的是一個人做了錯事感到不安；「在靈魂與良知中做出判斷」意思是一個人衡量各種理由並做出我們認為善的選擇；「良知事件」指的是某種難以解決的道德問題。因此這幾個說法關乎的是道德意識，意即我們有能力對自己的行為是善還是惡作出判斷。「完全失去意識」指的是不再能了解到自己在說或是在做什麼；「意識到自己的不足」指的是能夠檢視自我並試圖改進。因此這些表述指的是自我意識。

練習2：掌握詞彙

我們必須能夠區分「沒有意識」(inconscience) 的缺乏意識與佛洛伊德所提出的心理「無意識」(inconscient) 假說。

請指出下列句子指的各是哪種「無意識」。

a. 如果你不看車就穿越馬路，那你就是無意識。

b. 那個昏倒的男人失去意識了。

c. 眨眼睛是種反射，是無意識的動作。

d. 這名年輕女子的夢境揭露了他對朋友無意識的忌妒。

e. 他找不到自己整理的書，這件事顯示出他和妻子在無意識之中並不相合。

f. 他在鐵路旁住了太久，以至於對經過的火車充耳不聞。他感知到火車經過，卻是無意識的，並未真的察覺到。

練習2試答

a. 指對危險毫無所覺。

b. 指生理虛弱而昏厥。

c. 指身體的反射動作，不需經由思考、在我們不知道的情況下便可發生。

d. 指的是心理無意識的假說：夢境顯示了被壓抑的欲望。

e. 指的是心理無意識，把書弄丟是種失誤行為，顯示了夫妻間的不融洽。

f. 細微知覺是無意識的，和習慣相關，但如果我們注意，就可以意識到它們的存在。

練習3：掌握詞彙 ▶見第二冊〈道德哲學導論〉、〈自由〉

1. 區分下述詞彙

　　a. 作者－演員

　　b. 應負責的－有罪的

2. 連連看：請為每個詞彙連結到正確的定義

詞彙	定義
衝動 pulsion	a. 轉化欲望中不能被接受的衝動，讓欲望轉向社會所認可的目標。
昇華 sublimation	b. 主體試圖讓某些痛苦或是不可接受的思想、欲望或是記憶維持在意識之外的機制。
壓抑 refoulement	c. 是穿透主體的能量，位於身體與心理的界線之間，以試圖得到滿足。能化為被激發的緊張關係。
審查 censure	d. 一種機制，能防止受壓抑的事物被意識所認識。

練習3試答

1. 區分下述詞彙：

a. 作者－演員：一個行動的作者是想到並且想做這個行動的人，但他可以不做這個行動。演員則執行這個行動，他是行動者，但只能服從另一方的命令。

b. 應負責的－有罪的：我們可能犯下某個罪行而有罪，卻不被認為應為其負責。應負責的人可能以其行動回應。在某些極為特殊的狀況下，一個罪犯可能是有罪，但無需負責的，那麼他要獲得的不是懲罰而是治療。相反地，在法律界定責任的判準中，一個人可能沒有犯下不法行為，卻要背負民事上的責任，例如父母對未成年孩子的行為負責。

2. 連連看：a.─昇華；b.─壓抑；c.─衝動；d.─審查

練習4：影像分析

1. 請描述這幅自畫像中可以看到的各種元素。這些元素說明了關於作者的哪些事？

2. 這幅自畫像如何闡述巴斯卡（▶見文本閱讀2-1，31頁）和休謨（▶見文本閱讀2-2，32頁）的文本？

3. 如果我們同意巴斯卡、休謨和尼采（▶見文本閱讀2-3，33頁）這幾位作者，那要為自己製作一幅忠實的自畫像是否可能？

| 阿爾蒙（Arman），《機器人的自畫像》（*Autoportrait robot*），1992，個人物件與效果，壓克力（120×90×24.5公分）。

練習5：比較文本

因此我假設：我所看到的一切事物都是假的。我說服自己：我那充滿謊言的記憶所呈現給我的事物都不曾存在；我不認為存在任何感官[1]；我認為物體、形狀、擴延、運動與地點都只是我頭腦裡的虛構。那還有什麼可視為真實的東西呢？除了「人世間沒有什麼東西是確定的」，或許就沒別的了。

但是，我如何能知道，除了我剛剛判定為不可靠的那些東西之外，沒有其他東西是我們絲毫無法懷疑的呢？難道沒有某個神、或是某種力量，把這些想法放入我心裡嗎？這倒未必，因為或許我自己就能產生這些想法。因此，我自己不就至少是某個東西嗎？但我已經否認自己有感覺或是身體了。然而，我還是遲疑，因為這接著會導出什麼呢？我難道真的這麼仰賴於身體與感官，以至於沒有它們，我就無法存在了嗎？但我已經說服自己：這世界什麼也沒有，沒有什麼天、沒有地、沒有精神、也沒有物體；因此，我難道不是也說服自己：我並不存在？絕非如此，毫無疑問，我存在，如果我說服過自己，或是僅只是思考過什麼。有個我不認識的騙子，極為厲害而且詭計多端，他總是用盡一切手段[2]來騙我。因此，如果他騙我，那我的存在就是無可懷疑的；而他隨心所欲地騙我，只要我想到自己是某種存在，他永遠無法做的是讓我完全不存在。因此，在好好思考過這些，並細心檢查過一切之後，最終我們必須做出這樣的結論，並堅持這樣的主張：我是在的，我存在，而這必然是真實的。每當我說出這個主張，或是在心裡想到這個主張的時候，這就是真實的。

笛卡兒，《形而上學的沉思》，1641年，「七星」文庫，Gallimard。

1 | sens，感覺。

2 | industrie，技能。

1. 在這篇文本中，笛卡兒概述了懷疑的作用（▶見文本閱讀1-1，38頁）。請列舉這個過程的不同階段，以及每階段的推論。
2. 笛卡兒在此加上了一個假設：假定我所想的一切都是虛幻的，都是某個「極為厲害而且詭計多端的騙子」所說的謊言。請解釋這為何沒讓他質疑自己對於存在的確信，反而加強了這個確信。

練習6：理解文本

當我們的某個行動變得自動而不再是自發的時候[3]，會發生什麼事？意識從這個行為中退出了。在學習某種運動時，我們從意識到所進行的每個動作開始，因為動作出於我們，因為動作是某個決定的結果，這意味著動作是某種選擇。接著，這些動作更進一步串聯起來，以更為機械式的方式產生，由此我們就免於決定與選擇，我們對動作的意識便減弱乃至消失了。另一方面，我們的意識活動又是在什麼時候最激烈呢？不正是在出現內在危機、在我們為兩個或多個選擇感到

3 | 審定注：這裡的「自動」指的是慣性與機械性；而「自發」帶有更多主動性與自主性。

遲疑時，在我們感到自己的未來將由我們的作為所創造的時候嗎？因此，我們意識強度的各種變化，似乎高度對應著為數不少的選擇，或者可以說創造出的想法之總量，而讓我們可以將它們分派到我們行為之上。這一切都讓我們認為，意識一般而言就是這樣運作著。如果意識指的是回憶與預期，那是因為意識正是選擇的代名詞。

昂希‧柏格森，《意識與生命》，「雙輪戰車」文庫，PUF。

a. 理解文本

柏格森反對兩種行動方式，是哪兩種？他為何把選擇與創造出的想法擺在一起看？

為何他說「意識指的是回憶與預期」？

b. 強調問題的癥結

以強度變化的角度而不以存在或不存在的角度來思考意識，有何益處？

c. 檢視問題造成的影響

要擁有選擇，我們就得有好幾種可能的選項。假設意識是選擇的代名詞，這不就是肯定了在意識與自由之間的連結？要回答這個問題，請反思創造的概念。在意識與時間之間的連結是什麼？

練習解釋文本：請找出文本的主題、命題與問題。

練習7：理解文本

審查在進行時，為了做出鑑別，必須認識審查所抑制的事物。[…] 審查必須選擇，而為了選擇，審查就必須再次出現。不然，它為什麼放過了合法的性衝動、容忍（飢餓、口渴、睡眠等）需求在清醒的意識中表達出來呢？又該如何解釋審查能放鬆警戒，甚至能讓本能的偽裝所欺騙呢？但它光是能鑑別各種被詛咒為不好的傾向並不足夠，它還必須把這些傾向當作應該予以壓制的東西。對審查而言，這意味著這是它自身活動最低程度的顯示。簡言之，審查如果沒有鑑別的意識，要如何鑑別各種應該壓抑的衝動呢？我們能否設想某種對自我一無所知的認知呢？[…] 一切認知都是對認知的意識。

因此 […] 審查是對自我的意識。但審查的對自我的意識會是什麼類型呢？它應該是對於其壓抑的傾向有所意識的意識，但確切而言，審查卻是為了不要對此有所意識。那麼，除了把審查視為來自於自欺，還能怎麼說？因此，精神分析並未幫我們贏得任何東西，為了消除自欺，它在無意識與意識之間建立起一種自主的意識，一種來自於自欺的意識。

沙特，《存在與虛無》，「TEL」文庫，Gallimard。

| 朱立安‧崔弗利恩（Julian Trevelyan），《催眠》，1935，油畫（71×45公分），宣韋收藏（The Sherwin Collection），里茲。

a. 理解文本

　　沙特表示：精神分析所提出的審查概念是矛盾的。請指出本文中哪些段落對這個矛盾提出解釋。以下這句話是什麼意思？「它應該是對於其壓抑的傾向有所意識的意識，但確切而言，審查卻是為了不要對此有所意識。」

b. 強調問題的癥結

　　沙特在本文中討論佛洛伊德所提出的心理無意識假說。請重讀35至37頁的文本（▶見文本閱讀3-1、3-2、3-3）：本文所影射的是哪篇文本？

c. 檢視問題造成的影響

　　如果像沙特所說的，審查是來自於自欺，那我們是否還能主張心理無意識的存在？沙特比較傾向於哪種解釋而非佛洛伊德的假說？去除掉佛洛伊德的假說，我們能獲得什麼？

Q：這幅畫如何再現心理生活的機制？

練習8：主題分析▶見第二冊〈道德哲學導論〉、〈自由〉

主題：人是否能對自己說謊？

1. 定義謊言，並且區分謊言與錯誤的不同

2. 一個以「我們能否」開始的問題，可能是在問我們：

　　——具體的可能性（這是否可能、我們是否有能力做到？）

　　——邏輯的可能性（這是否一致、可理解？）

　　——道德的可能性（我們有權利這樣做嗎？）

這些涵義是否都與這個主題有關？請找出理由支持你的答案。

3. 這問題關乎一種特殊的謊言：對自己說謊。這個概念不矛盾嗎？

　　要回答這個問題，請你探討對他人的謊言產生作用的條件。接著檢視對自己的謊言是否兼具這些條件。請用一兩句話提出問題所在，即思考對自己說謊的可能性，存在什麼矛盾。

<h1>綜合整理</h1>

定義

意識是再現我們自己與外在世界的過程。無意識是佛洛伊德提出的假說，用以解釋意識所無法說明的事物。

提問 ## Q1：意識能否帶來某種知識（認知）？

癥結

意識是對自我、對世界的結構，以及對道德意識的意識。

答題方向

笛卡兒主張：我們可以懷疑一切，但自己作為思考主體的存在除外。
沙特認為意識即自由，人選擇成為他之所是。

引述

「我思，故我在。」（笛卡兒，《論方法》）
「存在先於本質。」（沙特，《存在主義是一種人道主義》）

提問 ## Q2：我們能否認識自己？

癥結

意識能讓我知道我是誰，但我是否真能知道我是誰？

答題方向

巴斯卡指出，主體是由各種並不持續的特質所界定的。
根據休謨的看法，自我是種語言的虛構，自我沒有什麼穩定東西可以被我們界定。
尼采堅持將主體作為客體思考的悖論，以及認識我們的內在的困難。

引述

「因此，我們愛的永遠不是人，而只是一些特質。」（巴斯卡，《沉思錄》）
「若是沒有感知，我無論何時都無法捕捉到自己。」（休謨，《人性論》）
「熟識就是習慣，而習慣是最難認識的。」（尼采，《快樂的科學》）

提問 ⋯⋯ **Q3：為何要假設無意識的存在？**

癥結 ⋯⋯ 要解釋我們所不理解的事物，必須提出一些假說，而因為有這些假說，某些現象才變得可為人所理解。

答題
方向 ⋯⋯ 佛洛伊德所提出的心理無意識的假說，讓我們能解釋至今依然晦澀不明的事物（夢境、失誤行為、某些病的症候，例如歇斯底里等）。

引述 ⋯⋯ 「向自我展示：自我不是自己家裡的主人」（佛洛伊德，《精神分析引論》）

「無意識的假說是必要而合理的。」（佛洛伊德，《後設心理學》）

「壓抑的本質在於：某個特定的心理傾向被守衛擋住，而無法從無意識進入前意識。」（佛洛伊德，《精神分析引論》）

論文寫作練習：為下述主題寫一篇分析

■ 「認識他人是否比認識自我更為容易？」（經濟社會組——2008）

■ 「有意識是否總是一種解放？」（人文組——2007）

■ 「意識到自我是不是會變成自外於自我？」（科學組——2003）

3 | 知覺

Q1. 知覺是否等於感覺？
Q2. 知覺可以訓練嗎？
Q3. 知覺是客觀的嗎？
Q4. 藝術家對世界的知覺是否與眾不同？

▶見第四冊〈文化哲學導論〉、〈藝術〉

運動的錯覺：主體的知覺是否符合現實？

視覺錯覺，橢圓。

一般看法	思考之後
知覺能讓人認識真實	**知覺是對真實的詮釋**
我們相信自己對這個世界有直接的知覺。世界以自身原本的樣貌對我們呈現。如此一來，知覺就是收集感覺訊息。要認識各種事物，只要看、聽、觸摸即可。知覺就是主體與客體的相遇。我們永遠能夠將自己的注意力指向這個客體，而非另一個客體。例如，我可以讓自己注視老師，而非外頭經過的某人，我也能夠聆聽課程，而非走廊上的噪音。因此，我們的知覺如果能得到好的指引，就能感知到更多現實的細節。	藉由這個視覺錯覺，我們理解到：我們的知覺並非被動接受關於現實的感覺訊息；知覺還詮釋這些訊息。我們得到「色帶」在旋轉的印象，但事實上是我們的眼睛在動。會產生這樣的印象，可以用對比色與邊緣亮度差異來說明。我們的大腦受到誘導而做出錯誤的判斷，於是我們知覺到事實上並不存在的運動。

我能夠認識並主宰自己嗎？

義務責任總是採命令的形式。
我們可以把自己視為知覺幻象的受害者。
但如果我們不知道知覺實際上是什麼，
又能否責怪知覺？

從定義尋找問題意識

定義

> 所謂知覺，就是知覺的主體和被知覺客體發生接觸之後，產生各種感覺所組織而成的整體。

各種感覺所組織而成的整體

知覺集結了我們各種器官所接收到的感覺（視覺、聽覺、觸覺、味覺、嗅覺），並指出相異與相同之處。例如：我看到兩個直徑相同的圓，但如果第一個圓位於一個更大的圓之中，那我就會覺得它比第二個圓還小。

發生接觸

一切的知覺都是種某種相遇（rencontre），介於主客的某種居間狀態（entre-deux）。藉由知覺，某物得以向某人顯現。若是沒有知覺的作用，事物依然會存在，但對於試圖掌握該物的他或她而言則不存在。例如：透過知覺，這棵樹向我顯現。我就能說有棵樹在院子裡。事實上，這棵樹在我知覺到之前便已存在，但要到現在這棵樹對我而言才真正存在。

知覺的主體和被知覺的客體

知覺讓主體與客體產生關聯。在使用知覺（percevoir）的現在分詞（percevant），必須理解為主體進行了某種活動：他參與在其中，而我們可以相信他是被動的。如果客體被知覺到了，則是透過知覺傳達到主體。例如：我知覺到蜂蜜的香氣，是透過我的嗅覺感知到這個蜂蜜。我的嗅覺則是根據我的教育、我的生活環境等得到發展。

定義提出什麼問題？

如果這個定義意味著知覺是感覺的產物，它同樣也顯示了主體的某種活動。▶ Q1：知覺是否等於感覺？

這個定義將知覺理解為經過組織而成的某種整體。為了組織感覺訊息，每種文化都設定了某種理解框架（grille de lecture）。如果知覺與主體相關，那讓知覺更加具有普遍性的條件應該有那些？這種更具普遍性的知覺是否更為理想？▶ Q2：知覺可以訓練嗎？

此外，這個定義提到了主體與客體間的某種接觸：主體接收到對客體的感覺印象，並予以詮釋。知覺參照著主體的經驗與生命體驗。知覺也是對某物的體驗。以痛苦（這種內在感受）為例，問題在於了解主體是否真的承受痛苦，還是痛苦的感受是在主體的某種作用下而產生。
▶ Q3：知覺是客觀的嗎？

問題思考

關鍵字區分

直接（immédiat）／間接（médiat）

直接表示毫無居間的媒介、沒有中間狀態，可以直通對象。如果通往可感受的實在是間接的，那這就預設了與另一項事物的關係：例如某種知識建構。

關鍵字區分

質料（matière）／形式（forme）

形式是讓各個要素形成一個具有關聯的整體，根據某些心理學家的看法，這「一個整體」比各個要素還重要。質料則是指直接卻無組織的所有資料。

Q1：知覺是否等於感覺？

我們可以知覺到某個東西的樣子、在門後面有聲響，甚至是兩種灰色之間的細微差異。因此我們相信自己能直接觸及現實。知覺是否就是接收或是組織感覺訊息？

1. 知覺是透過我們的感官接收強烈的印象

人類能體驗到各種獨特的感覺，因為人的器官和其他生物的器官不同。洛克在著作中寫道，人類心靈在知覺時，首先應該掌握在身上發生了什麼變化，然後才能改變他的行為。（▶見文本閱讀 1-1，59頁）。例如：如果我伸手靠近火焰，並感受到尖銳的疼痛，將手縮回來。這樣的高溫應該在心中引發某種效果：我可以在火邊讀書，卻無需突然起身。

2. 知覺並未注意到最細微的感覺

由於習慣，人很有可能什麼都沒有知覺到。正是因此，住在火車站旁邊的人，不再注意火車的聲音。必須要有某種「無可名狀的」小東西來喚醒我們的注意。萊布尼茲（▶見文本閱讀 1-2，59頁）指出，感覺的印象有時「太細小，或是數量太大，或是過於單一平淡」，而難以掌握。這些印象得連結於其他印象，才能被知覺到。因此知覺是在一系列不被察覺的進展中被接收的。例：沙聚成塔，是一點滴滴持續不斷的過程，但人卻知覺不到其中的細節，也就是沙粒。

3. 知覺選取訊息

知覺由許多細微的感覺訊息組織而成。我們如何揀選並連結這些訊息？有兩種假設。一種可能是，我們的理智首先辨認出某種形式，並賦予某些訊息優先性。另一種可能是，我們首先知覺到多如繁星的點，必須再予以聚集然後辨識。例如：當我知覺到一本書，我首先注意到的是它長方形的形式，還是形成這個長方形的、無限的點與線的連接？針對這個問題，梅洛-龐蒂主張我們會不斷預料到被知覺到的事物，而這樣的預測可以再一一修正（▶見文本閱讀 1-3，60頁）。知覺在充滿活力的「一來一往」作用著。

Q2：知覺可以訓練嗎？

知覺似乎能讓我們與現實產生直接聯繫，現實顯現為某種資料。然而個人不應忘記：這項資料是他的知覺所結的果實。我們是否能訓練知覺？而這又是為了什麼目的？

1. 學習描述知覺以體驗主體的角色

　　主體將注意力放到某個事物上時，並未意識到自己忽略了什麼訊息。他是可以察覺到自己所遺漏的細節。透過方法上的研究，胡塞爾讓我們理解到，我們的知覺並不完善，並且可加以修改（▶見文本閱讀2-1，62頁）。例如：我知覺到桌子時，桌子隨著我的注意力，逐步向我的意識顯示出桌面、桌腳等等。現象學研究現象如何在意識中顯現。訓練就是學會感到驚奇：這個世界的存在，並非理所當然。

2. 學會以科學的方式知覺

　　巴舍拉解釋：要培養科學精神，就得打破將注意力聚焦在具體對象上的態度。必須要強調的反而是對於所知覺到的事物的反思。它如何構成了對象？透過哪些工具？（▶見文本閱讀2-2，63頁）。例如：當化學家想做某個實驗，他不會從蜂巢中隨便取出一塊蜂蠟，而是慎選一塊純粹的蠟。

3. 學習擺脫只求實利的知覺

　　將我們知覺到的事物化約為擺在主體面前的客體，這就忽略了人類和環境之間的互動關係。柏格森指出，主體是有生命的存有，能懂得客體在自己身上的影響，並依生物性上的必要做出回應（▶見文本閱讀2-3，63頁）。每一種知覺都會回應某種需求，而忽略它不需回應的需求。例如：我看著前往學校的道路，但我沒看到樹枝上的鳥。教育能讓人學會以不同的方式感知世界，並注意到在全然效益考量的關係中被忽略的事物。

Q3：知覺是客觀的嗎？

因此，重要的是要清楚區分：主體身體在知覺過程中經歷的客觀變化，以及主體對知覺對象所形成的主觀印象，之間是否有所差別。疼痛的例子清楚說明了這種區別。當我感到疼痛的時候，我的身體被某種造成疼痛的變化所影響。然而，疼痛在此表達的是客觀變化還是主觀感受？

1. 靈魂預先感受到疼痛：知覺是主觀的

　　醫生都知道，同樣的疼痛，有些人忍受得了，有些人卻無法忍受。柏拉圖同意，關於某些愉悅和某些痛苦，必須認識到靈魂有預先感知的能力，也就是判斷即將發生什麼事，而這種預想本身就可以是種愉悅或痛苦、希望或恐懼（▶見文本閱讀3-1，64頁）。例如：身體脫水時，缺乏水分，我們就感到口渴。然而靈魂預先感受到了喝水的愉悅：他渴望喝東西。從這一刻起，感覺就是靈魂對身體感受所做的判斷。

關鍵字區分

抽象的（abstrait）／具體的（concret）

根據巴舍拉的看法，若把科學家視為只是被動觀察擺在面前的具體對象，這種看法太天真了。科學家的觀察是為了證實或撤除某個論點，而必須對所觀察的對象予以抽象化。抽象化過程意味著某種抽離、某種斷裂。

關鍵字區分

客觀（objectif）／主觀（subjectif）

客觀指的是純屬客體，而不從其他觀點來考慮。我們可以想一想：知覺究竟是客觀的，如客體之所是來把握客體，還是主觀的，即透過主體來建構對客體的認識。

2. 疼痛的知覺並不全然是主觀的

　　如果疼痛是某種實際的體驗，我們應該說疼痛是種感覺（sensation）還是種感受（sentiment）？對感覺而言，我的身體之所以有所體驗，是因為受到外在影響。柏克萊在費羅諾斯（Philonoûs，希臘文「理性之友」之意）與海拉斯（Hylas，希臘文「物質之友」之意）的對話中，質疑過這種感覺的主觀性（▶見文本閱讀3-2，65頁）。海拉斯區分出被知覺物的性質以及主體的體驗（即對這種性質的感受），例如：當我的身體接觸到某個熱源，而熱度持續上升時，我知覺到的是我的疼痛，而非熱度。熱的感覺並不是主觀的，因為這是由某樣東西所引發，但疼痛的知覺並未讓我們區分出讓我們感到疼痛的因素。費羅諾斯則試圖反駁這個命題。

3. 疼痛關乎意識的活動

　　我們在知覺到痛苦時，才會有所警覺。痛苦看似是偶然的，卻是根本的。根據叔本華的看法（▶見文本閱讀3-3，66頁），唯獨痛苦，才可被感覺到。因為習慣會讓我們對於令人愉悅的事物失去感覺，這種感覺必須要由痛苦才能喚醒，讓我們重新意識到令人愉悅的事物。例如：只要我不感到痛苦，我就幾乎感受不到我的身體，但只要痛苦出現，我就能體會到之前沒有感受到的事情。由此我們可以將知覺到痛苦視為某種正面的事實：沒有痛苦，我就感受不到生命。

關鍵字區分

根本的（essentiel）／偶然的（accidentel）

根據一般的看法，幸福對生命而言是根本的，因為幸福賦予生命一種美好的實在，而痛苦則是偶然的。但痛苦未必真是這樣。根據叔本華的看法，痛苦才是根本的，因為它以某種強度撼動了生命。

Q1：知覺是否等於感覺？

人是如何認識現實世界的事物？是藉由知覺所組織的感覺訊息：我們先接收到外在事物的印象，然後心靈再反思這些印象。知覺是觸及現實世界的首要方法，但它會進行某種選擇，忽略大量不被意識到的細節。知覺會過濾感覺訊息，知覺詮釋著世界。

哲人看法

TEXTES

感覺，知覺的起點

文本閱讀 1-1

洛克

約翰·洛克 John Locke
1632-1704

　　洛克認為：靈魂就像一塊蠟板，來自外界的事物則拓印在上面形成印象。印象被我們注意到便成為知覺。

　　知覺是心靈的首要能力，在觀念上發揮作用。它也是藉由反思得到的第一個、最簡單的觀念，有些人將它泛稱為思考。然而，在法文中，思考一詞真正的意思是指心靈對觀念所進行的操作，這時，心靈是主動的，當它考慮某個事物，某種程度帶有意志上的專注；而在純粹而簡單的知覺裡面，心靈大體上卻是被動的，並且無法不去知覺到其所知覺到的事物。

　　可以肯定，如果身體所產生的改變不會影響到心靈，如果外在世界產生的印象不在我們內心留下，那就不會有任何知覺。火焰能燃燒我們的身體，而不產生任何不同於燃燒木柴的效果，但這項活動要進了腦中，在心靈上產生了熱的感覺或是痛的觀念之後，才構成了確實的知覺。

洛克，《人類理解論 I》，第一、第二書，1690，J.-M. Vienne 譯本，Vrin，233-234 頁。

Q：為何我們不將知覺視為「真正意義上的思考」？

Q：洛克認為，心靈「無法不去知覺到其所知覺到的事物」。這麼說來，知覺還是否有賴於心靈上的注意力？

Q：應該要怎麼樣，知覺才會是「確實的」？

知覺是由我們所感覺不到的細微感知所組成

文本閱讀 1-2

萊布尼茲

哥特弗里德·威廉·萊布尼茲
Gottfried Wilhelm Leibniz
1646-1716

　　在這篇對話錄中，泰奧菲爾代表萊布尼茲。他提出了一個區別，以此削弱洛克的經驗主義理論。知覺大多是無法察覺的（inconsciente），知覺既不依靠感覺印象的強度，也不取決於心靈對這些印象組成的專注。知覺乃是由大量的、最終對我們產生影響的細微感知所構成。

關鍵字區分

現實（acte）／潛能（puissance）

細微感知處在可被知覺的潛能狀態。它們可被意識到，卻還沒被意識到。只有被專注的心靈注意到的時候，細微感知才會成為意識的現實。

斐拉雷特：我承認，當理智致力於沉思某些對象時，某些物體影響聽覺器官而成的印象，便無法以任何方式被覺察到，而這個印象就算足夠強烈，如果靈魂對此毫無所知，那也無法產生任何知覺。

泰奧菲爾：我寧可區分知覺（perception）與覺察（s'apercevoir）。例如，我們所覺察到的，對於光或是顏色的知覺，是由許多我們察覺不到的細微知覺所構成，而我們知覺到、卻完全沒有注意到的聲響，只要略為增強或提高一點，就會被我們察覺。因為如果增強前的聲響對靈魂毫無影響，那這一點增強便什麼也做不了，而整體也不會有任何效果。

萊布尼茲，《人類理解新論》，第九章，§4，依據原文校譯

Q：我們該如何描述這些我們無法覺察得細微知覺呢？
Q：要能夠實際覺察到由許多細微知覺所構成的聲響需要做什麼？
Q：我們所知覺到的一切，是取決於知覺的各個要素本身，還是知覺要素之間所產生的關係？

文本閱讀 1-3

梅洛－龐蒂

莫里斯·梅洛－龐蒂
Maurice Merleau-Ponty
1908-1961

一切知覺都是某種預期的結果

Q：對於知覺而言，為何視線不良（l'absence de visibilité）缺乏可見性？並不只是種障礙？

梅洛－龐蒂對經驗（vécu）做出了以下描述：經驗是我們實際知覺到與尚未知覺到的。知覺不是資料的紀錄，而是持續不斷修正我們在知覺中已經進行篩選的資料。

如果我們依循現象[1]，那麼，構成物體在知覺中的統一性的並不是聯想[2]，而是聯想的條件，這條件先於［事後的］印證，而印證才確認並限定聯想的條件，這條件也先於自身。如果我在海灘上走向一艘擱淺的船，船的煙囪或是桅杆融入了沙灘邊緣的森林，那麼這些細節就會在某個時刻與這艘船相接，連成一片。隨著我逐漸走近這艘船，我卻不會有所知覺到相似性與鄰近性，這兩者終將在連續畫面中連結於［甲板的］上層結構。我只感到事物（客體）的外觀正在改變，感到在這種緊張當中，某種東西正在逼近[3]，像是暴風雨正在烏雲中逼近。突然間，景象重組，滿足了我模糊的期待。在這之後，我才從我所謂的「刺激」——即近距離獲得的、

| 湖面上的霧

我能夠認識並主宰自己嗎？

最確定的那些現象——如同從支持變化的不同證實之中，辨認出相似性與鄰近性[4]，由此我構成了「真實的」世界。「我為何沒看出這些木頭構成了船身呢？它們與船身的顏色相同，與船的上層結構搭配完美。」然而，在正確知覺之前，這些能夠正確知覺的理由並不會發生。知覺良好的原因，在正確的知覺面前並不成立。客體的統一性建立在對某種逼近中的秩序的預感 (le pressentiment d'un ordre imminent) 之上，這種秩序將回答僅只是潛在於景象中的問題，解決了只以某種含糊的不安的形式所提出來的問題 [...]。

梅洛－龐蒂，《知覺現象學》，〈導論〉，第二章，1945，Gallimard，24-25頁。

理解命題的論證——文本閱讀 1-1、1-2、1-3

命題： 我們相信知覺得自於感覺的連結。事實上，我們會預期去知覺我們意識所投射的事物。

論證一： 在知覺中，讓事物成為「一」的統一性，是被預期的。

問題： 對於遠方融入景象中的船隻，請說明其第一印象。

論證二： 一系列的經驗接著修正了一開始混亂的預期。

問題： 知覺者在靠近的過程中體驗到了什麼？他的身體扮演了什麼角色？

論證三： 因此，當該現象在意識中的顯現逐漸變得清晰，儘管永遠不會完整，但已解除了錯覺。

問題： 我們能不能說，當作者表明「突然間，景象重組」時，知覺自我修正了？

確實理解了嗎？ 在知覺的錯覺中，我們是否被欺騙了，還是我們騙了自己？

1｜現象（phenomenes），指事物在意識中的顯現。

2｜聯想（association），意指結合某些感覺訊息，以創造某種整體的統一性。

3｜逼近（imminent），即將發生。

4｜鄰近性（contiguïté），兩件事物在時間或在空間上十分接近時所能發生的連結。

關鍵字區分

客觀的（objectif）／主觀的（subjectif）

客觀的指的是由客體所決定，獨立於主體判斷的事物。然而在本文中，對於船隻的知覺是主觀的，因為它是由主體的期待所決定的。

關鍵字區分

類比（analogie）／相似性（ressemblance）

當我看到我手臂的動作，我可以把它類比為機器人或是機械吊車的手臂動作。嚴格說來，我的手臂和金屬接合桿並不相似。要建立相似性，必須要有某些共通點，某種對應性。例如：肖像與本尊。

Q2：知覺能訓練嗎？

我們很容易對某些現象有所知覺，但對其他現象則難得多。這不只取決於客體，還取決於主體：主體在空間中的位置、他關注所在，以及他的目的（認識或是行動，他的養成過程等等）。訓練知覺，讓知覺者了解到他不是被動的。但這樣的訓練該交由誰進行呢？哲學家？科學家？還是兩者都要？

文本閱讀 2-1

胡塞爾

艾德蒙・胡塞爾
Edmund Husserl
1859-1938

學習描述知覺，才能掌握主體的角色

在這篇選文裡，胡塞爾承認知覺有某種客觀的面向：事物（客體）向我們顯示。但他也邀請我們考慮主觀面向：知覺同時也是「我們的」知覺。必須從主體的經驗出發並予以描繪，才能讓主體理解。

某些特定的客體，如果「在場」，意即位於知覺的範圍裡，就不可能不被察覺。在月台上，我們無法不聽見火車頭進站時尖銳的汽笛聲，在黑夜中，我們無法不看見閃電。此外，我們確實有可能聽不見最輕微的聲響，我們也絕對看不到某個尺寸以下的物體。在這兩者之間，有個或多或少可感知的領域，知覺在其中較為容易或是困難。因此，表面上看來，客體所擁有某種經驗的特質，取決於知覺或無知覺的難或易、可能或不可能。然而，一個同樣的客體是容易還是困難、一定或是絕不會被注意，則完全取決於主觀的情境。我們離火車頭越遠，汽笛聲對我們而言就越小，直到最後聲不可聞。

相反地，原本完全無法聽見的聲響，在我們接近時便可聽見，直到刺耳難當。當然，感覺器官應該要發育正常等等。我們馬上發現，這並不取決於客體的客觀性質，而取決於主體接收到了什麼，並且可能還取決於主體「如何」接收。

胡塞爾，《關注的現象學》，〈知覺與關注〉，1904-1905，N. Depraz 譯本，
「哲學著作」系列，Vrin 出版，2009，87-88 頁。

理解命題的論證——文本閱讀 2-1

命題：一個多少會被注意的客體，我們應該要問的是它是否能被感知以及主體是否注意。

論證一：知覺的行動與清晰程度的差異，會先被歸因於客體。如果聲響或是影像的強度足供識別，那就不可能聽不見或是看不見。

論證二：我們多少都能認出同一個客體嗎？可以，但是這取決於主體的遠離或是趨近。

論證三：我們不能只是反對說：這樣的差異只存在於器官客觀功能的範圍。重要的是主體接收訊息的方式：主體的目的以及主體所注意的事物。

確實理解了嗎？ 要知覺到汽笛聲，主體應該做出什麼改變？在對汽笛聲的知覺中，經驗的描述扮演了什麼角色？知覺主體是否能忽略自己的身體在空間中的位置？

科學認識的斷裂

文本閱讀 2-2
巴舍拉
加斯東・巴舍拉 Gaston Bachelard
1884-1962

科學精神是否希望能認識具體的客體（事物或對象）？並非如此。根據巴舍拉的看法，良好的知覺，是理解到科學事實並非給定的，而是建構的。

我們認為，出於認識論[1]的理由，必須接受下述公設[2]：客體（objet）不能代表作為某種直接的「客觀事物」（objectif）；換言之，朝向客體前進的過程並非一開始就是客觀的。因此我們必須接受：在感性知識與科學知識之間，存在著某種真正的斷裂。[…] 特別是，直接贊同某具體對象，把它當作某種財產予以掌握，做為某種價值予以使用，加入過強的感性存在。這是主體內在的滿足，而在理性上並非是明顯的。[…] 這種要感覺到客體的需求，這種對客體的渴望，這種不確定的好奇，無論如何，都不符合於科學精神的狀態。如果一道風景是種浪漫靈魂的狀態，一塊黃金是種貪婪靈魂的狀態，一道光芒是種迷醉靈魂的狀態。

巴舍拉，《科學精神的建立》，1938，收錄於「哲學文獻選集」文庫，Vrin，1993，239-240頁。

1 | 認識論（épistémologie）：指對知識及其建構之內在障礙的研究。

2 | 公設（postulat）：為了推斷某事物而必須先接受的命題。公設自身既未得到證明，也並非自明的。

關鍵字區分

客觀的（objectif）/主觀的（subjectif）

客觀指的是純屬客體，不考慮任何其他觀點。我們可以質疑知覺究竟是客觀的，也就是知覺是按照客體自身的樣子予以掌握，還是主觀的，也就是事實上客體是透過主體來建構。

Q：根據一般的看法，科學家試圖直接研究的是什麼？
Q：為何巴舍拉反而斷言科學家試圖研究的不是「直接的客觀事物」？
Q：將具體的客體當成客觀是否符合科學態度？為什麼？

訓練，是學習以公正的方式感知

文本閱讀 2-3
柏格森
昂希・柏格森 Henri Bergson
1859-1941

要了解知覺能否加以訓練，首先得考慮到知覺的主體。柏格森提醒我們，人類不只是作為主體，還是作為活生生的存在而知覺著，這就表示，他能行動並在世間選擇與自己利害相關的事物，好在生物性層面上有所行動。

有意識地知覺意味著選擇，而意識首先就是指這種進行區分的實踐[1]。因此，對同一個客體的各種不同知覺所給予我的各種感覺，當它們合在一起，並不會重新構成該客體的完整形象：各種知覺依然被一些間隙而彼此分離，[2] 這些間隙可以說是我各種欲望之間的空洞：要填滿這些間隙，就必須要有某種訓練。這種訓練的目的在於讓各種感覺彼此協調，恢復各種訊息之間被我身體[3]的各種需求所打斷的連續性，好大略地重建物質客體的整體。這就說明了，我們為什麼非得假定對感覺進行訓練。[…] 對物質越來越深刻的認識是可能的。我們

1 | 區別實踐（discernement pratique）：知覺會做出區別，也就是說，按照實際意圖、我們的需求或行動，檢選各種素質。

2 | 間隙（intervalle）：間隙會留下空洞的空間，像是我們從一個點跳到另一個點一樣。

3 | 身體（corps）：既然間隙依照生理需求的運作存在於各種知覺之間，知覺的實在就被切割成好幾塊。這是種不連續，因為沒有東西把每一塊互相連結起來。

該做的，絕非將認識切出某個被意識到的東西，而是重新拉近所有感性素質，藉由找回其間的親緣關係，恢復被我們的各種需求所中斷的連續性。

柏格森，《物質與記憶》，1939，選自「當代哲學文獻集」，PUF出版社，1959，48-49頁。

Q：是什麼讓主體對具體客體的初步知覺無法變得客觀？

Q：為何由感性知識通往科學知識，需要某種斷裂？

Q：訓練所扮演的角色是什麼？

從文本到論證——文本閱讀2-1、2-2、2-3

在讀過這三篇文本後，請透過你自己的反思，找出論證以探討下述意見：知覺所連結的不是主體的行動，而是其感受性。

Q3：知覺是客觀的嗎？

痛苦似乎出現在某個事物改變了我們身體的時候。然而改變我們身體的事物會影響我們，因為對痛苦的知覺伴隨著某種判斷。

文本閱讀3-1
柏拉圖

柏拉圖 Platon
公元前428-347

各種身體的感受都觸及靈魂

　　所有知覺都來自於某種接觸。感性知覺，就是身體與某個完全或是部分被知覺的物體發生接觸。然而當我們說靈魂被它知覺的對象觸動時，這同樣是有道理的。這就是柏拉圖所謂令人顫動的「震盪」。

蘇格拉底：你該承認，在無數影響我們身體的感受當中，有的在觸及靈魂之前已然變得模糊，因此依然是無感的。相反地，其他的感受則同時穿透身體與靈魂，並激起某種分屬身體與靈魂、又同屬於兩者的顫動。

普羅塔科：我承認。

蘇格拉底：而不能同時穿透身體與靈魂的，我們有理由認為，靈魂會忽略這些感受，但不會忽略那些同時穿透體與靈魂的感受。

普羅塔科：當然是這樣。

蘇格拉底：但別搞錯了，以為我所說的這種忽略是遺忘的原因。因為遺忘是記憶的消失，但在我所說的狀態下，記憶尚未

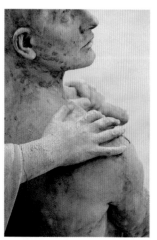

| 公園中的雕像

誕生。若說我們遺失了尚未誕生的事物，這是荒謬的，不
是嗎？

普羅塔科：那怎麼辦？

蘇格拉底：只要改變名稱就夠了。

普羅塔科：怎麼改？

蘇格拉底：說靈魂因為不受身體的顛動所觸及，因此予以忽略，與其
把這稱作「遺忘」，不如從現在起稱之為「無感」。

普羅塔科：我懂了。

蘇格拉底：相反地，當靈魂與身體都受到同一個單獨的感情所觸及、
驅動，如果稱這個運動為「感覺」，這種說法毫無不當
之處。

普羅塔科：你說的再真確不過了。

柏拉圖，《菲利布篇》，33d2-34a6，根據原文校譯。

Q：感覺是怎麼誕生的？

Q：蘇格拉底是如何解釋無感的？

Q：為何「如果稱這個運動為『感覺』」，我們這麼說毫無「不當
之處」？

Q：為何在與手接觸的時候，我既觸摸對方，也被對方觸摸了？

痛苦的根源在於對某物的感覺

文本閱讀 3-2

巴克萊

喬治·巴克萊 George Berkeley
1685-1753

　　除非我對某物有所知覺，否則某物並不存在。巴克萊表示：因
此，痛苦是外在事物所引發的跡象——痛苦因而是某項事物的效
應——抑或只是心靈有所知覺、卻完全不涉及自身的外在事物？巴
克萊捍衛「就算無法回溯到是什麼激發了我的痛苦，我一樣能夠對
其有所知覺」的觀點。

費羅諾斯：

　　我所看見、聽見與觸及的，都是真實存在的，也就是說，是我有
所知覺的，我對其存在和我自己的存在一樣確定無疑。然而我無法理
解的是，如果我的感官並未感知到某物的存在，為何感官所顯示的事
物可以被援引為某物存在的證據。我們想要的並不是要讓一個人變成
懷疑論者，不再自豪於自己的感覺。相反地，我們賦予這些感官一切
可想像的價值與保障，我們將清楚看出，沒有比我們剛才所舉出的原
則，更與懷疑主義相悖的了。第二，人們反對在「真實的火」與「火
的觀念」之間、在「幻想或是想像我們被燙傷」與「實際上被燙傷」

關鍵字區分

觀念的（idéal）／真實的（réel）

我們將透過感官所感知的真實和
觀念對立起來。巴克萊斷言：沒
有對某物的知覺，例如某個白色
的物體（此一白物），我們就不會
有白色的觀念。然而，在知覺之
外，我們無法掌握這個白色的某
物。

之間，存在著巨大的差異。人們所強調的這個以及其他類似的反對意見，都與我們的論點相左。對此，我們在先前所說的，都已經有了清楚回應，在此我只補充一點：如果真實的火和火的觀念有所不同，同樣地，火所造成的真實的痛苦，也和這同一個痛苦的觀念極為不同。然而沒有人可以聲稱：存在著真實的痛苦，或是痛苦存在於在無法感知的事物中會是可能的，或在心靈之外，會有痛苦這個觀念。

喬治・巴克萊，《人類認識原理》，1710，D. Berlioz譯本，「GF」叢書，Flammarion出版，1991，87頁。

Q：在「真實的火」與「火的觀念」之間，我們通常會如何區別？
Q：請解釋作者在「真實的痛苦」與「痛苦的觀念」之間所建立的對照。
Q：為何若是不被某個心靈所知覺，痛苦就不存在？

文本閱讀 3-3

叔本華

阿圖爾・叔本華 Arthur Schopenhauer
1788-1860

為何我們比較容易感受到痛苦？

　　根據這位哲學家的看法，我們感受不到幸福：我們必須透過痛苦才能體會到自己失去了什麼。但是為什麼我們比其他生物更容易感受到痛苦呢？因為我們智力更高，更能意識到其他生物感受不到的事物，痛苦因而變得更強烈。其他生物較無憂無慮，他們意識不到憂慮，因為他們會逐漸遺忘自身經歷的痛苦。

　　然而，我們在缺乏認識力的種類中，僅藉著敏銳化的專注以及努力就能發現的那些東西，卻在有認識力的種類中、在動物的生活中，清楚地駁斥我們，牠們持續的痛苦是很容易被指出的。然而我們不逗留在這居間的等級，我們想要轉向那被最高的認識力所照亮、所有一切呈現地最清楚之處：人類的生活。就像意志的現象（Erscheinung）會變得更完滿[1]，痛苦也一樣會變成更多、更明顯。植物沒有感受能力，也就沒有痛苦：最低層的動物、纖毛蟲[2]與輻射對稱動物[3]的痛苦非常微量，甚至昆蟲的感受與痛苦的能力都是有限的。直到脊椎動物完整的神經系統出現，才出現高程度的感受與痛苦的能力，並且隨著智力的增加朝往更高程度發展。隨著知識達到的清晰性、意識的提升，痛苦也會等量增長，因此這些痛苦就在人類那裡達到了最高程度，在其中誰更有認識力、更有理解力，痛苦就更大，那些擁有天資者受苦最深。在這個意義上，也就是在涉及認識力的等級上，而不是涉及那僅僅是抽象的知識方面，我在此理解並使用《傳道書》中的那句箴言：「誰增加知識，就增加痛苦。」

1｜叔本華似乎承認，在天然的物質、植物、動物與人之間，有某種漸次的階序：每個階段的進展，意志都獲得了在現象的形式底下掌握自身的能力。

2｜纖毛蟲（infusoires），指原生動物，即單細胞生物，憑藉纖毛在靜止的水中游動。

3｜輻射對稱動物（radiés），身體各部分圍繞著某個軸心排列成放射狀的生物。例：海蜇。

叔本華，《作為意志與表象的世界》（1796）第四書，56節，根據原文校譯。

Q：沒有意識是否有助於無掛慮的狀態？

Q：為何苦難的程度與意識的程度成正比？

Q：「天才」是否因此更能意識到某些東西？

我能夠認識並主宰自己嗎？

長文閱讀

TEXTES LONG

〈屈光學〉一文中的盲人角色，
木版畫，1637，收藏於法國國
家圖書館。

笛卡兒，〈屈光學〉

口試

> ### 我們對現實的知覺是否如其所是？

1. 我們所感知到的世界並非現實的副本

我們相信自己對現實的知覺正如現實本身一樣。世界以其自身的樣子呈現給我們，這毫無疑問。然而，影像如果完全如其所是，那又如何區分原型與副本？難道不應該設想，在我所知覺到的事物與被知覺的事物之間，是有距離的嗎？

根據笛卡兒的看法，完美的影像更多取決於影像能間接令人想到原型的方式，而非模仿原型的能力。知覺，不正是想像這個世界，或是辨識其全部象徵嗎？世界透過被感知到的事物所呈現。

2. 知覺即思考

笛卡兒在文章開頭就指出了，各種視覺現象與觸覺相關：盲人透過手裡的拐杖，可說是用手幫助他們觀看。在此，觀看因此意味透過拐杖遇到阻力時而傳導到手的某種運動。

在《論方法》第四篇論述中，笛卡兒從一般的感覺出發，對視覺這個特定的感官予以解釋，並介紹了銅板雕刻法 (taille-douce)：這是一種鏤空的雕刻法，最後印出來的成品非常相似，而雕刻的變形正是為了盡可能生產出相似的形象。因此，作者提出接觸與雕刻作為思考感知的模型：假設了某物對某物的作用，對靈魂產生刺激。產生感知的是靈魂而非身體。知覺，就是從印象出發的思想。

作品介紹

笛卡兒

荷內·笛卡兒
René Descartes
1596-1650

〈屈光學〉是《論方法》當中的一篇論文，於 1637 年 6 月 8 日發表於荷蘭萊登。笛卡兒透過對眼睛各部位與視覺如何形成的描述，在本文提出對光與其光線的某種解釋。目的在於藉由光學工具的幫助，讓視力趨於完善。光學工具的發明絕非出於偶然，而是為了有系統地研究光與視覺。

感官綜論

現在我必須和你們談談一般感官的本質，為了更容易地解釋視覺這一特定的感官。我們已經清楚知道，是靈魂在感知，而非肉體，因為我們知道，當靈魂因某種狂喜或是深沉的冥想所分心時，整個身體便失去感覺，就算有許多物體碰觸到身體也是一樣。而我們也知道，靈魂有所感知，並不完全是因為它在用於外在感官的器官之內，而是因為它存在於腦中，它在此執行被稱為一般感官的能力：因為我們看到了，那些只傷害大腦的傷口與疾病，通常都會妨礙所有感官，甚至身體剩下的部分也不剩一點生機。最後，我們知道，外在器官接觸到物體所造成的印象，正是透過神經的中介，接觸到在腦中的靈魂：因為我們見過各式各樣的意外，只對某些神經造成損害，其他則毫髮無傷，但身體內有神經分支的部分，感覺還是被剝奪了，而其他部分的神經卻絲毫無損。然而，為了特別了解在腦中靈魂以何種方式可以透過神經的中介，來接收外在事物的印象，我們必須區分神經中的三種東西：首先，要知道包覆著神經的皮膚，而從包覆著腦的那些神經的端點開始看，就像分裂成許多分支的細微的輸送管，像血管和動脈一樣，四處蔓延到各器官之內；接著，是神經內部的物質，這些物質沿著輸送管內，像細線般延伸，從大腦的源頭開始，直到其他各器官的末梢，我們可以想像，在每根小輸送管內，連結著這些各自獨立的細線：最後是動物性能量 (esprits animaux)，這就像空氣或是細微的風一樣，來自於大腦中的腔室或是凹孔，透過這些同樣的輸送管，在肌肉中流淌。然而，解剖學家與醫師已清楚表明，這三種東西都存在於神經裡：但我並不覺得，他們清楚區分過三者的用途。因為，有鑑於神經並不只是讓器官能夠感受，它還讓器官能運動，以及由於有時候的癱瘓而無法運動，但感官卻沒被剝奪，有時候他們說有兩種神經，一種只用於感覺，另一種則只用於運動，有時候又說感覺的能力在於皮膚或是器官之內，而運動的能力則在於神經內的物質：這在經驗與理性上都是不一致的。因為，有誰能夠找到任何用於運動的神經，不同時也用於某種感官呢？而如果感覺取決於皮膚，那各種事物的印象，又是如何透過這些皮膚觸及大腦的呢？因此，為了避免這些困難，我們必須思考：是藉由神經在肌肉中流淌、按照大腦分派的方式，有時讓這塊或那塊肌肉或多或少脹大的能量 (esprits)，讓所有的器官產生運動；我們也該思考，是這些構成神經內在物質的細線，才是用於感官的。

而我在此完全不想討論運動，我只希望你們能想像這些細線，就像我說過的一樣，被包裹在總是膨脹的輸送管中，因其中的能量而擴張，互不擠壓也不妨礙彼此，從大腦一直延伸到所有具備某種感受功能的器官末端，只要我們稍微接觸這些神經所連接的器官的位置並使其運動，我們就能在同一時刻讓這條神經源出於大腦的位置也產

作者先區分一般與特殊，即感官與視覺。有所感知的是靈魂而非身體。

靈魂在頭腦中，如果腦受了損傷，就算身體完好無傷，也不可能有感覺。

是什麼讓印象能觸及靈魂？

在此必須區分：像輸送管般包覆神經的皮膚；沿著輸送管中像細線般延伸的內在物質；以及在輸送管中循環的動物性能量。

神經的活動是感覺－運動性的活動：動物本能使得神經膨脹，促發運動，而構成神經內部物質的細線使得感覺成為可能。

運動在一瞬間從大腦傳達到各個器官，像沿著一條繩子一樣。

生運動，就好像一根拉緊的絲繩，我們扯動其中一端，就能同時讓另一端動了起來。因為，我們必須了解，這些細線被包裹在這些輸送管中，而能量永遠保持被包裹著並半開的狀態。不難理解，這些細線比蠶絲還纖細，比蜘蛛絲還脆弱，它本身無法從腦袋延伸到最遠處的器官，而不會意外斷裂，或是這些器官的各種狀況不會妨礙它們的運動。在此之外，我們必須注意避免以下假設：為了能夠感覺，靈魂需要藉由某些物體傳送到大腦才能注視某些影像，而我們的哲學家們通常正是這麼假設的。或者至少，我們必須以完全不同於這些哲學家的方式，來設想這些影像的本質。因為，儘管他們並不認為這些影像當中有什麼別的東西，否則這些影像就會和它們所再現的事物相似，但他們卻無法向我們說明這些事物如何能形成這些影像，並由外在感覺器官所接收，再由神經傳送到大腦。他們沒有任何理由做這樣的假設，不然，有鑑於我們的思維能輕易地接受刺激（例如一張畫布）並構思在畫布上的圖畫，在他們看來，思想也應該是這樣的存在，以同樣的方式，去設想那些觸及到我們感官的東西，透過一些我們腦袋裡形成的小畫布，而不是我們應該考慮在影像之外，還有其他許多事物能刺激我們的思維；例如，符號與話語就和它們所表示的事物毫無相似之處。而為了盡可能不要遠離我們已接受的觀點，如果，我們很想認為：我們所感知到的物體真的將它們的影像發送到我們的大腦中，我們至少應該注意到：沒有任何影像會完全相似於它們所代表的物體，否則物體和它的影像就沒有任何區隔了。但影像只要部分相似於即可；甚且，影像的完善經常較不取決於它們所不相似的事物，而是取決於它們所能做的。就像你觀看一幅銅版畫，畫面上點滴的墨水布滿紙張各處，向你呈現出森林、城市、各式人等，乃至於戰場與暴風雨；儘管這些影像的無限多種品質可以讓我們想像這些事物，但影像沒有任何一項的形狀與對象完全相似；此外這還是不完美的相似，因為，在一個完全平坦的表面上，這些影像向我們呈現許多凹凸的物體，甚至根據透視原理，銅版畫上的橢圓比圓更能呈現圓，菱形也比方形更能呈現方形，其他所有的形狀都是如此。為了形象有更完美的品質、更好地表現物體，影像時常得與物體完全不相似。然而，我們同樣必須思考我們腦中所形成的影像，並指出唯一的問題在於了解：影像是如何讓靈魂有辦法感覺到與這些影像相關物體的所有不同性質，而完全不在於影像本身如何與其相似。正如同我們先前所提過的盲人，他一旦用手杖碰到某些物體，這些物體一定沒有發送什麼別的東西到他的大腦，除非他在根據不一樣的性質移動手杖時，也以相同的方式運動手上的神經，接著運動到他神經來源的大腦中的部位，讓他的靈魂能夠感知到這些物體各種不同性質，正是他身處於這些在大腦的運動當中。

左側邊注：

笛卡兒在此倒轉了古老的視覺理論，他認為靈魂無需凝視與原型相似的細小影像才能有所感知。

在靈魂中刺激感覺出現的事物，並不需要在各方面都與原型相似，話語就是一個例子。這種刺激靈魂產生感覺的事物，在他所意指的事物與所指的事物之間拉開距離，而非拉近距離。

笛卡兒用銅板畫的模型取代了古代模仿的模型：在銅板上用凹版雕刻出的形象，透過油墨與印刷，將影像留在紙上。

鏤刻的形象越不相似於其所代表的事物，所呈現的樣子越好！這個形象不用太多方法便創造了最大的效果。

盲人將手放在手杖上，因此能及時感覺到物體。他沒有眼睛卻好像能看到一樣。

最左側： 我能夠認識並主宰自己嗎？

〈屈光學〉，1637，〈第四論〉（AT.VI, 109-114），見笛卡兒，《哲學著作集》，〈卷一〉，Garnier Frère編，1963，681-686頁。

口試問題

1. 我們是否能說銅版畫可以相似或類比於所表現的事物？
2. 以銅版畫為例，笛卡兒是否提出了一個幾何學觀點的、無色彩的世界？
3. 知覺是否就是辨識（décrypter）／詮釋（interpréter）世界？

進階問題思考

PASSERELLE

Q4：藝術家對世界的知覺是否與眾不同？

▶見第四冊〈文化哲學導論〉、〈藝術〉

1. 舞蹈教我們以一種無利害關係的方式去感知身體

藝術家並不是只為了有用或是消遣而感知其他事物。保羅·梵樂希強調舞蹈的獨特性（▶見文本閱讀4-1，72頁）。他說：我們的視線在知覺中停留，卻不是為了消遣。跳舞是種嚴肅卻隨心所欲的活動，絲毫沒有尋求用途的需要。我們知覺到的是一個似乎離開了日常的平衡、無視於周遭一切事物的身體。

2. 藝術家打破我們平常知覺上的協調

藝術家指出的是我們知覺的限制。為了介紹藝術的客體，柏格森將平常的知覺與藝術的知覺區分開來（▶見文本閱讀4-2，73頁）：第一種只在於有用的相似性，並將標籤貼到物體之上，第二種則是掌握成千上萬的細微差異。此外，根據畫家馬蒂斯的看法（▶見文本閱讀4-3，74頁），藝術家對世界的知覺不同，是因為他努力讓自己從所接收到的影像之流抽離，好重新發掘所有事物，彷彿他是第一次看見它們一樣。他感知到的是原創而獨特的，因為原創，像是出自源頭，沒有成見，沒有扭曲。

3. 藝術家的知覺改變世界的形狀

藝術家透過自己的藝術，似乎能向我們呈現任何事物，彷彿他有多樣的能力。這樣的一位魔術師能操弄比例與顏色，讓任何事物浮現在我們面前。但他呈現的是某種事物的變形，讓我們離現實更遠。然而藝術也可能提升靈魂，如果它對現實的模仿得到妥善安排（▶見文本閱讀4-4，75頁）。

文本閱讀4-1

梵樂希

保羅·梵樂希 Paul Valéry
1871-1945

舞蹈的哲學

保羅·梵樂希認為：儘管哲學家不是一位舞者，他卻能詢問何為舞蹈。他的困惑始於：他看著舞者不把地心引力放在眼裡，無視於其他的一切。他在另一個世界裡編織他的步伐。這位哲學家對此大為讚歎。

大家都知道一位哲學家的方法，他進入舞蹈的方式……他擬定了所要提出問題的步驟。當他坐看一場無用且任意的舞碼時，他全心投入其中，無法預知結局；他進入了某種無限的詢問，陷入在質問形式的無限當中。[…] 但這裡有個重要的覺察，來到了這個哲學化的

心靈,這顆心靈最好毫無保留地抽離並投入他所看到的事物當中。他觀察到:這個舞蹈中的身體似乎無視於周遭的一切。它似乎無關乎一切,他只跟自己以及另一個對象有關。這是一個主要的對象,一個它抽離或擺脫了的對象,他將回到這個對象旁邊,但只是重新為了某個理由再度逃離……

這大地、土壤、堅實的地點、這平面,正是日常生活踩跳之處,是步伐踏進之處,這是篇人類運動的散文。

是的,這具跳舞的身軀似乎無視其他的一切,完全不知道周遭發生了什麼。人們可能會說:它在傾聽自己,並且只傾聽到自己;人們可能會說:它什麼也看不見,它頂著的雙眼只是兩顆歡愉的眼神、波特萊爾所謂兩顆不知名的寶石,是對它毫無用處的閃亮目光。

因此,舞者的確置身於另一個世界中,一個不再顯現於我們目光中的世界,而是由他的腳步所編織、由他舉手投足所建構的世界。但在這個世界裡,沒有任何外於舞蹈動作的目的;沒有必須掌握、追趕、重來、或是逃離的對象,它的對象結束在某個動作以及引發運動,首先是一個方向或是外在的協調,以及再來是某個清楚而確定的結尾。

保羅・梵樂希,〈舞蹈的哲學〉,《詩學與美學理論》,
見《作品集一:散論》,「新法蘭西評論」文庫,
Gallimard,1957年,1390-1403頁。

| 喬治・唐(Jorge Donn)演出莫理斯・拉威爾(Maurice Ravel)的《波麗路》(*Boléro*),導演是莫理斯・貝佳(Maurice Béjart),巴黎會議宮,1988年2月。

Q:為何哲學家應該投入他所看到的事物當中?

Q:請解釋為何舞者的軀體似乎什麼也沒看見時,他的雙眼是歡愉的?

藝術家的知覺擴大了我們平常的知覺

文本閱讀 4-2

柏格森

昂希・柏格森 Henri Bergson
1859-1941

並非我們所有人都是藝術家。我們平常的知覺受限在對我們生存有用的事物,亦即有功效的事物,而藝術家的知覺則更為寬廣。

藝術的對象是什麼?如果現實世界直接觸及我們的感覺與我們的意識,如果我們能夠與事物和我們自身進行直接交流,我相信藝術將變得毫無用處,或毋寧說,我們全都將變成藝術家,因為我們的靈魂將持續與自然一同震動。我們的雙眼藉記憶之助,在無法模仿的畫面上切割空間,固定時間。我們的目光在移動中捕捉事物各個片斷,它

們被鑿入人的軀體內活生生的大理石，如古代雕塑藝術一般美麗的雕塑。[…]這一切都環繞在我們四周，在我們體內，然而我們卻未曾清晰地感知到這一切。關於自然與我們之間的一切，我能說什麼？在我們與我們自己的意識之間，隔著一層紗，對一般人而言，這是層厚厚的紗，而對藝術家與詩人而言，這層紗則薄可透光。是什麼樣的仙子織就了這層紗呢？是出於惡意，還是友誼？我們必須活出生命，而生命要求我們在事物與我們需求的關係中理解事物。活著就在於行動。

昂希‧柏格森，《笑》，1900，「四馬戰車」文庫，PUF，1997，115頁。

Q：如果我們都是藝術家，我們會感知到什麼？
Q：在什麼意義上，我們可以說藝術家的知覺是沒有利害關係的？

文本閱讀4-3

馬蒂斯

昂希‧馬蒂斯 Henri Matisse
1869-1954

藝術家教導我們像孩子一樣感知事物

　　要像藝術家一樣感知世界，必須忘掉怎麼觀看，因為在我們與可觀看的事物中間，隔著一個文化的濾鏡：此處所指的是影像社會的濾鏡。孩童尚未受這樣的文化所影響，會花時間觀看事物，而我們要成為藝術家，就得重新找到自己這個內在的孩子。

| 昂希‧馬蒂斯，《女性的臉》
（*Visage féminin*），日期不詳，炭筆（26.5×20.5公分），法國里爾美術宮。

　　創造，這是藝術家的本性：沒有創造之處，藝術便不存在。但我們如果將這種創造的力量歸諸於某種天賦，那我們就錯了。就藝術而言，一個真正的創造者並不只是個有天分的人，而是個知道如何安排一連串活動以達成目標的人，藝術作品則是他的活動成果。對藝術家而言，創作始於視見。觀看，這已經是種創造性的活動，需要花費心力。我們在日常生活中所看見的一切，多少都遭到我們獲得的習慣所扭曲，而這個事實在我們這樣的時代裡更為明顯，在我們的時代裡，電影、廣告與雜誌，每天都將各種全然人工的影像強加給我們，在視覺的秩序裡，這些影像多少是我們智力的秩序中的偏見。擺脫這種偏見所需的努力，則要有某種勇氣；而這種勇氣對於藝術家而言是不可或缺的，因為藝術家必須在看一切事物時，像是第一次看到這些事物一樣：必須像孩子一樣觀看整個生命。一旦失去這種可能性，我們那原創的，也就是個人的方式表達自我的可能性就被剝奪了。

　　舉例而言，我認為對畫家來說，沒有什麼比畫玫瑰更難的，因為，要畫玫瑰，首先必須忘掉所有繪畫中的玫

瑰。我經常對到旺克 (Vence) 探訪我的訪客問這個問題：「你是否看到路邊斜坡的老鼠簕？」沒有人看到過。在科林斯柱式上，所有人都認得出老鼠簕的葉子，但對於科林斯柱式的記憶自然會讓人看不到老鼠簕。這是為了創作所踏出的第一步，即看見每樣事物的真實的樣子，而這意味著某種持續的努力。

昂希‧馬蒂斯，R. Pernoud 談話整理，《聯合國教科文組織通信》，
1953 年 10 月，收錄於《昂希‧馬蒂斯：關於藝術的文字與談話》，
文本、註記與索引建立 D. Fourcade，「知識」文庫，Hermann 出版。

藝術家是否會扭曲我們的知覺？

文本閱讀 4-4

柏拉圖

柏拉圖 Platon
公元前 428-347

經常欣賞藝術作品會讓我們覺得好像落入另一個世界：這世界是否虛幻不真，還是反而比我們的世界更貼近真實呢？藝術透過模仿我們所看到的事物，可以讓我們接近或是遠離現實。因此，柏拉圖區分兩種不同的模仿。

客人：根據我們到目前為止所用的區分方式，我相信現在應該區分兩種模仿的形式，但我還不能分出哪兩種是我們要找的形式。

泰阿泰德：你先說說看，再看是哪兩種形式。

客人：一方面，我看到某種複製的技術。這最明顯的例子是，當我們在了解一個模型長、寬、高的比例後，製作出遵照這個比例的模仿物，並為每樣事物著上適合的顏色。

泰阿泰德：然後呢？所有的模仿者難道不都是這樣嗎？

客人：那些生產（製作或繪製）大型作品的人就不是這樣。因為他們如果複製美麗事物的真實比例，你一定知道，上面的部分看起來會變得太小，而下面的部分會變得太大，因為我們看到的某些部分太近，某些部分則太遠。（因為我們看到的某些部分太遠，某些部分則太近。）

泰阿泰德：沒錯，絕對是這樣。[…]

客人：如何？一樣事物看來與美的事物相似，只因為我們透過錯誤的透視來凝視它，但如果有個人能看得清楚，就會失去與美相似的外表，這樣的形象，我們該怎麼稱呼？如果一樣事物看來像個複製品，卻又與它不相似，它難道不是幻覺嗎？

泰阿泰德：當然。

柏拉圖，《智者篇》，235c9-236b8，根據原文校譯。

Q：為什麼當藝術家考慮到正確比例，要依照模型來仿效呢？

Q：顧及建物與觀眾之間距離的藝術家，是否會不在乎觀眾或／與模型？

延伸思考

OUVERTURE

人文科學

Q：感知指的是去詮釋世界嗎？

文本閱讀：認知心理學

尚－弗朗索瓦·多提耶（Jean-Francois Dortier）是《人文科學》期刊的創辦人與編輯。在本文中，他引述了心理學家與某個人之間的一段對話。

| 荷內·馬格利特（René Magritte），《人的條件》（*La Condition humaine*）[1]，1935年，油畫。

| | 審定注：馬格利特刻意讓標題和作品沒有必然關係。

我們的雙眼並不只是一扇面對世界的透明窗戶。觀看，意思是感覺到來自外在世界的訊息，但也是從中選取、組織，並按照我們的心智圖像予以詮釋。我們可用三個主要階段來描繪一項知覺。

想像下述發生在心裡實驗室裡的場景。一位心理學家問一個在場的人：

「你看桌上有什麼？」

「有一本書。」

「對，當然，這是一本書，但你實際上看見的是什麼？」

「你這話是什麼意思？我剛說了，我看見一本書，一本紅色的小書，封面是紅色的。」

心理學家鍥而不捨地問：

「你真正感知到什麼？我要你盡可能精確地描述出來。」

「你的意思是，這不是一本書嗎？這是什麼意思？是陷阱嗎？」（病患開始感到不耐煩）。

「是，這是一本書，沒有什麼陷阱。我的意思是要你準確地描述你所觀察到的，不多也不少。」

訪客變得疑神疑鬼起來。

他說：「好吧，從我的位置看來，書的封面似乎是個深紅色的平行四邊形。」

這個場景出自於心理學家喬治·米勒（George Miller）的想像，他是認知心理學的創建者之一（見《心理學：心智生命的科學》，1962年，引自 Manuel Jimenez，《知覺心理學》，Flammarion 出版，1997）。這個小故事的目的在於向我們展示：知覺的行動是如何運作的。當我們看著桌上時，我們自動地相信自己看到的只是一本書。事實上，我

們感知到的是：在一片灰色背景上的一個紅色矩形，但我們知道這是一本書。某種對於視覺訊息的詮釋疊加在知覺之上。在知覺的行動當中，認識就這樣與純粹的感覺相互混合。

尚－弗朗索瓦・多提耶，〈知覺：閱讀世界〉，《人文科學檔案》，第七號，2007年6-7月，22頁。

感知，就是詮釋

　　感知，意指對現實進行某種閱讀，而非被動的觀察：這包含了三個不可或缺的階段。感官階段（L'etape sensorielle）：藉助於接受器，個人能夠分辨外在環境的特性。例如，書的顏色（紅色）、亮度（深紅色）、桌面的顏色（灰色）等等。知覺階段（L'etape perceptive）：大腦傾向於按照鄰近法則收集最接近的要素，並根據其他法則定位出幾何形式。例如，大腦定位出最近的點，感知到矩形，即平行四邊形。認知階段（L'etape cognitive）：大腦詮釋各種形式。平行四邊形的形式，根據文化教養過程而被詮釋成一本書。

哲學練習：何謂感知？

Q：「一扇面對世界的透明窗戶」這個說法是什麼意思？

Q：請從這篇訪談，闡述接受提問的人如何藉由判斷（這是X）去連結他對所見之物（一個紅色的平行四邊形）與他說的所見之物（一本書）。為何要描繪所見之物如此困難？

Q：請藉由梅洛－龐蒂的文本（▶見文本閱讀1-3，60頁），解釋作者如何以心理學上的鄰近法則重新討論對船的知覺。他的論據是什麼？

哲學練習

————————

EXERCICES

練習1：掌握詞彙 ▶見第四冊〈語言〉

知覺（或感知）源自於拉丁文的「percipere」，而這個字源自於「capere」，意思是「拿取」、「掌握」、「採集」。因此，percipere的意思就是「掌握整體」、「蒐集」。這是辭源的探討。

1. 採集或是蒐集對某物的感官訊息，這只是感覺的動作嗎？
2. 掌握某物，這是將注意力放在某物上嗎？
3. 「知覺」的辭源強調的是知覺主體的被動性還是主動性？請論證你的答案。

練習1試答

1. 採集、蒐集感官訊息，是指聚積大量的訊息，將這些訊息集合起來。這超過了我們所被告知的感覺，因為，在感覺當中還有集結、集中、甚至綜合的努力。

2. 因此這預設了綜合的活動，即判斷：是否所有的感覺都被注意到了？還是有某些被忽略了？

3. 在感知過程中，主體接收到訊息，但它也組織著這些訊息：因此問題在於了解意識所扮演的角色。我們很可以認為：主體是因為感覺到某事物，才被所感覺到的事物所觸動，才感覺到某物，或預感到它所感知到的事物。純粹的被動是有爭議的。

練習2：分析概念

知覺意指組織我們的感官印象。但我們該如何理解「印象」這個字眼？請針對下列句子，對其中「印象」一詞提出相對應的定義。在洛克的文本中（▶文本閱讀1-1，59頁），作者強調的是這兩個意義中的哪一個？

a. 一塊蠟板（tablette de cire）指的是用蜂蠟包覆的一塊板子，人們用來銘刻文書或是帳目。我們可以閱讀這塊板子上的印象。

b. 我的印象是這裡很熱。

練習3：理解流行的說法 ▶見第五冊〈詮釋〉

理解法文中「閱讀圖表」（lire un tableau）這個說法。

1. 我們閱讀通常都是讀什麼？
2. 如果閱讀指的是解讀其中的涵義，這樣的閱讀對所有人是否都一樣？
3. 如果閱讀指的是得出意義，那這種閱讀的結果是否所有人都會同意？

練習3試答

1. 我們讀的通常是一篇文章或是文件。
2. 如果閱讀指的是破解其中的涵義，那讀者應該區分各種構成圖表的要素，給予正確的整理。但破解較慢的人在閱讀時和其他人不一樣，他應該要有整體的觀點而非逐字閱讀。閱讀對所有人而言應該都一樣。
3. 如果閱讀指的是得出意義，那就有多樣的閱讀：閱讀一幅畫、一座雕像、一篇評論等等。法文「閱讀圖表」（lire un tableau）這個說法，這在一開始或許假定了某種晦澀或神祕。

練習4：分析一個影像

1. 尼采說：「犯罪偵查學家中的人類學者告訴我們，典型的罪犯是醜陋的：容貌上的怪物，在靈魂上也是怪物（monstrum in fronte, monstrum in animo）」。（出自《偶像的黃昏》）這句「容貌上的怪物，在靈魂上也是怪物」是什麼意思？
2. 在柏拉圖《饗宴篇》中（215ab），阿西比亞德拿西勒努斯的雕像和蘇格拉底相比，醜陋的臉孔但內在包含著神聖的形象。我們該如何理解？
3. 感知蘇格拉底的臉孔，就是認識它嗎？

| 《酒醉的西勒努斯》，收藏於羅浮宮。

練習4試答

1. 生理上的醜陋或是恐怖的容貌，表現了心靈上的醜陋。
2. 生理上的醜陋只是外表，掩蓋了內在的神聖寶藏。
3. 感知到他的臉孔，不如說是提出了某種矛盾：蘇格拉底的臉孔並不是蘇格拉底！

| 蘇格拉底的雕像，大理石，第一世紀，收藏於羅浮宮。

練習5：範例分析

　　我說，我在其上書寫的這張桌子存在，意思是我看得見也摸得著它。而如果我不在書房裡，卻說這張桌子存在，我這麼說的意思是，如果我在書房裡，我可以感知到這張桌子；或是現在有另一個心靈正感知到它。

喬治·巴克萊，《人類知識原理》，1710，G. Brykman譯本，PUF，1985。

1. 是什麼構成了對桌子的知覺？
2. 若沒有人感知到這張桌子，它是否存在？
3. 比較他的分析和胡塞爾的分析（▶見文本閱讀2-1，62頁）：為何胡塞爾堅持回憶對於感知桌子所扮演的角色？

練習6：進行概念區分

　　房間溫暖，糖是甜的，苦艾令人生厭，這些都只是主觀有效的判斷。我絕對不要求，我一直都會有此感覺，或其他任何人都應該像我一樣有同樣感受。這些僅僅表達了兩種感覺對於同一主體——即我自己——的關係，而且只有在我這次知覺狀態下，因此不應該對對象有效。這類的判斷我稱為「知覺判斷」(Wahrnehmungsurteile)。「經驗判斷」(Erfahrungsurteile) 則完全是另一種情況。經驗在某些狀況下告訴我的事，也必須在任何時候都如此告訴我，並且告訴每個人，同時有效性不局限於主體或是主體當時的狀態。也因此，我宣稱所有這類的判斷都是客觀有效的，例如，當我說「空氣是流動的」，這個判斷起初只是個知覺判斷，我會把我感官中的兩種感覺關聯起來。假如我希望稱它為經驗判斷，那麼，我便要求，這個關聯得依從能使之成為普遍有效的條件而發生。

康德，《一切作為學問而出現的未來形上學之序論》，1783，（Kant: AA IV, Seite 299），根據原文校譯。

1. 知覺的判斷將什麼聯繫了起來？
2. 感覺印象在知覺中是客觀的還是主觀的？
3. 知覺的判斷還需要什麼才能變成經驗的判斷？

練習6試答
1. 知覺的判斷聯繫起兩個印象：例如在房間的例子裡，是熱與冷。
2. 印象是主觀的：房間被判定為熱的，但判斷的人，意即主體，他大可說這個房間沒另一個房間冷，或比另一個房間熱。這和主體有關，並且是不穩定的。
3. 它缺乏客觀性：知覺的判斷既非普遍有效，也不是必然的，但卻是純屬主體的。對另一個主體而言，判斷就會不同。

練習7：對主題提出問題意識

主題：感知到某物，是否就是對某物有意識？
1. 我們習慣將對某物的意識建立在什麼之上？
2. 我們是否可能感知到某物，卻誤認某物？
3. 光靠知覺是否便足以認識某物？
4. 知覺有時是否會以為了解了某物？

練習8：避免對文本做冗長解釋

　　我們每個知覺都伴隨著一種意識而使得人的存在被揭示出來，意即藉由人的存在「才有了」某物的存在，或甚至是人類是這些事物展現自身的工具；是我們存在於這個世界上的事實，而開展出許多關係，是我們將這棵樹連結於天空的一角；因為有我們，這顆千萬年前便已死去的星辰、月亮的某個區域，以及這條陰鬱的河，在整片風景中被揭示開來了；是我們[感知]汽車和飛機的速度，將世間的大眾組織起來；在我們每個行動中，世界就對我們顯示出一張新的面容。但如果我們知道自己是存在的探測器，我們也就知道我們並非存在的生產者。

　　　　　尚─保羅・沙特，〈第二章〉，《何謂文學？》1948，Gallimard，1985，1989版，45-46頁。

1. 沙特用了哪個同義詞來指稱人類作為中介的角色？
2. 作為「存在的探測器」是什麼意思？
3. 人類存在於這個世界上意味著什麼？

練習解釋文本：針對這篇文本，寫一篇簡明的分析，並避免冗長的解釋。

練習8試答

1. 這些字詞屬於歸屬範疇：「藉由人的存在」、「人類是……的工具」、「是我們將……連結起來」、「因為有我們……」。
2. 作為存在的探測器，也就是讓我們有途徑能接觸到「在那」的某物，而非某個複製品。
3. 人類的存在意味著不從某個時間（快或慢）與空間（拉近遠方各元素）中的觀點而形成某種不同關注。感知，這指的並不是陷入沉思之中，而是讓已經存在的隱蔽事物從晦暗中浮現。

綜合整理

定義

所謂知覺，就是知覺的主體和被知覺的客體發生接觸之後，產生各種感覺所組織而成的整體。

提問 **Q1：知覺是否等於感覺？**

結結

知覺是世界與我們的相遇。知覺似乎為我們開啟了感覺所給我們的一切。但它也屬於我們的期待，甚至是我們的詮釋。

答題方向

對洛克而言，我們的感覺是我們被自身之外的某物所觸動，而進入我們的知覺。
對梅洛－龐蒂而言，知覺是對某種漸進改變的期待所產生的結果。

引述

「在純粹而簡單的知覺裡面，心靈大體而言是被動的。」（洛克，《人類理解論》）
「突然間，景象重組，滿足了我模糊的期待。」（梅洛－龐蒂，《知覺現象學》）

提問 **Q2：知覺可以訓練嗎？**

結結

如果我們是透過某個理解框架來感知到這個世界，這樣或許能讓我們更好地認識這個世界（理論層面）或是對世界進行某種作為（實踐層面）。對於決定感知是有益或是無益，教育扮演了某種角色。

答題方向

根據巴舍拉的看法，科學家應該被訓練去反思知覺，這個知覺首先專屬於主體。
根據柏格森的看法，我們是作為有生命的存在而進行感知的：世界對我們有某種影響，而我們的反應是為了對世界有所作用。
教育也應該讓人學會感知而沒有把它跟需求相連結。

引述

「朝向客體前進的過程並非一開始就是客觀的。」（巴舍拉，《科學精神的建立》）
「有意識地知覺意味著選擇，而意識首先就在於這種區別實踐。」（柏格森，《物質與記憶》）

... **Q3：知覺是客觀的嗎？**

癥結

> 對痛苦的知覺首先是體驗到自己的身體：痛苦的確投射
> 到某個客體，而非隨便任何一個客體。再來，這是身體
> 與靈魂之間的某種相遇，因為主體表現出被某個改變他
> 的身體的東西所撼動。

答題
方向

> 根據柏拉圖的看法，感知到痛苦的是靈魂而非身體。靈
> 魂究竟感知到什麼？就像地震一樣。只是所有知覺都不
> 會對靈魂造成這麼大的震動。
> 根據叔本華的看法，痛苦將某個主觀判斷變成對象，不
> 過，天才所感知到的疼痛可能更為劇烈。

引述

> 「其他的感受則同時穿透身體與靈魂，並激起某種分屬
> 身體與靈魂、又同屬於兩者的顫動。」（柏拉圖，《菲利布篇》）
> 「那些擁有天資者受苦最深。」（叔本華，《作為意志與表象的世界》）

論文寫作練習：分析下述主題，並提出問題

■ 「知覺是否能被訓練？」（人文組，2008）

■ 「知覺可以是客觀的嗎？」

■ 「真實是否被化約為我們的感知？」

■ 「藝術性的感知是否讓我們遠離現實？」

4 | 他人

Q1. 他人是另一個我自己嗎？
Q2. 我們是否能觸及他人？
Q3. 若沒有他人，我們能否成為自己？
Q4. 他人是道德意識的基礎嗎？
▶見第二冊的〈道德哲學導論〉、〈義務責任〉

相近與相異

| 卡濟米爾・馬列維奇（Kazimir Malevitch），《沒有面容的頭》（*Deux Têtes sans visage*），1913年，油畫，收藏於聖彼得堡的俄羅斯國家美術館。

一般看法	思考之後
他人是限制我的自由的陌生人	他人讓我能觸及自身

我們首先認為認識自己比認識他人容易得多。我們能直接進入自我，從內部認識自己，至於他人，除了他本身願意向我們顯現的部分，我們對他人一無所知。再者，我們認為他人會妨礙我們，和他人一起生活並不容易，因為這樣的生活需要限制與妥協。因此，要讓多種自由共存（我們的自由與他人的自由），並不容易。

他人與我們之間的共通之處，難道不會比我們所認為的還多嗎？他人對我們的目光，有時會讓我們覺得難以忍受他人的存在。這種注視迫使我們看到自己之所是，停止「蒙住自己的臉」。他人的目光似乎能讓我們觸及我們自己的意識，而這目光若會是某種阻礙，它所妨礙的也是自欺，而非我們的自由。因此，他人透過他的目光迫使我們對自己的自由負起完全的責任。

他人會讓我們的自由受限，因此對我們是種妨礙。然而他人的目光卻會幫助我們意識到我們自身。他人難道不會藉由參與我們的自我認識，而變成我們自由的基礎嗎？

從定義尋找問題意識

定義

> 他人是另我，既是有別於我，因為他並不是我，同時卻又與我相似，因為他是有意識與感覺的存在。

另我

這個字的拉丁文 *l'alter ego*，意思是「另一個我」（autre moi），強調我們與他人之間模糊的關係。如果他人和我一樣，我就能在他身上認出自己，我可以將自己與他人等同起來並理解他。但如果他有別於我，我們之間的差異可能就無法克服，並造成理解的障礙。

有別於我，因為他並不是我

他人與我不同，而這個差異可能會造成問題。他人可能會讓我們感到陌生、疏遠或神祕，並反映出我自身的神祕性。

卻又與我相似，因為他是有意識與感覺的存在

他人既不是動物，也不是物體，在所有的差異之外，我們在他身上認識到：我們同屬人類。

定義提出什麼問題？

「另我」是他人的同義詞，在上述提出的定義中，人我之間的相似性似乎不證自明：但存在於他人身上的，是我的哪個部分呢？▶ Q1：他人是另一個我自己嗎？

這個定義讓我們認為他人也與我們有所不同。這樣的差異會使得肯認他人的身分變得困難。▶ Q2：我們是否能觸及他人？

我們經常認為：自省（自我檢視的行為）就足以好好地認識自己。但是，若沒有他人作為中介，我們無法完整的認識自己。▶ Q3：若沒有他人，我們還能否成為我們自己？

問題思考

COURS

關鍵字區分

獨特（singulier）／特殊（particulier）

獨特的意思是獨一無二的，而特殊卻可以指群體中的許多成員。因此，一個獨特的人，其獨特之處只屬於自己，不屬於另外一個人，儘管他可以展現與群體中其他成員共同擁有的特殊性。例：某種信仰，某些連結於傳統的價值。

定義

就詞源而言，「同情」（sympathie）的意思是「一同受苦」，源自於希臘文 *syn*，意指「一起」，而 *pathein*，指的是「受苦」。

關鍵字區分

同一（identité）／平等（égalité）／差異（différence）

同一，指的是兩者完全相同。從質的角度來看，是指各種特質都相同（A＝A）；平等則是從量的角度來看兩者相同（三顆蘋果＝三顆梨子）。差異則是我們可以發現在兩個截然不同事物之間的關係。這兩者之間，不論從質或是量的角度來看，都有本質上的不同。然而差異並不妨礙我們思考平等：人們可以截然不同（因為我們都是獨特的個體），卻在權利上相互平等。

Q1：他人是另一個我自己嗎？

我們稱他人為「另我」（另一個我），因為他人與我有別。但身為人類，我們依然可以在他身上認出我們自己，我們對他負有義務，正如同他對我們也是如此。然而，我們要如何肯認他人與我們相似，又不否定他的獨特性呢？

1. 對於與我們相似的人，我們會有憐憫之心

他人與我們相似，意指他與我們並非完全相同，也非完全相異。正是因此，他人的處境會召喚我們。根據盧梭的看法，這就是憐憫的感覺所展現的，意即某種先於任何反思的自然情感（▶見文本閱讀1-1，89頁）。例如：要是有人受傷了，我不會無動於衷，我會試著幫助他。

2. 我們處於相同的處境底下

因此，我們能意識到他人的痛苦，並藉著同情（sympathie），把它當成自己的痛苦。同時我們也能喚起他人惻隱之心的憐憫（pitié）與憐恤（compassion）。因為儘管我們有所不同，但作為人類，我們都處於相同人類處境底下：我們終有一死，並且對此心知肚明。這正是維永（Villon）在《絞刑犯敘事詩》當中提醒我們的（▶見文本閱讀1-2，90頁）。

3. 他人與我們相似，但並不是一模一樣

如果我們對他人的愛，是因為他人與我們相近，那我們愛的很可能是我們自己，而不是有異於我們的他人。例如：我們和朋友經常屬於同一個人際網絡。因此，對同類的愛不過是對自己的愛，表現出對差異與陌生的恐懼。

尼采寫道：不是去尋找我們的鄰人，也不是去尋找我們所愛的事物，我們應該保持開放，發揮創造力，準備好與相異性和「遠處的人」相遇（▶見文本閱讀1-3，91頁）。

Q2：我們是否能觸及他人？

若說他人與我們相似，這表示他與我們不完全相同（identique），也就是有所不同。但我們是否能克服這種差異，認識到他真實的面貌與獨特性？

1. 我們只能認識到他人的外在

當我們認為自己理解他人時（例：我們從他的表情中辨認出某種我們熟悉的情緒），我們是將我們所認識的自己的情緒，等同於

他人在我們面前所呈現的情緒。

因此，我們並未認識到他人與我們不同之處、他的獨特性，而就這樣與純屬他人的特質擦身而過。就算他人是我的朋友，我也只是藉由他外在的面向來了解他。因而，梅洛－龐蒂的解釋是：就算在憐憫或是溝通的處境中，每個主體依然有獨特性（▶見文本閱讀2-1，92頁）。例：如果我們有個朋友處於失去親友的哀傷當中，我們只能以自己在相同情況下的感受來比擬，以想像他的痛苦。我們與他一同感到痛苦，卻不能感受到他本人的哀痛。

2. 然而，我們可以感知到他人體驗著某些感受

如果內在的自我依舊神祕，那我們怎麼能知道他人是個可以體驗、感受並且受到感動的自我呢？根據馬克斯・謝勒（Max Scheler）的看法，或許是我們彼此之間在同情之前，就已經有某種先天的連結，讓我們能直接感知到他人正感到某些東西。我們通過他人的表達，意識到他人的「私人的領域」，以及他的不同之處，但我們同時也意識到某種相互理解的可能，因此意識到我們之間的共通之處（▶見文本閱讀2-2，93頁）。

Q3：若沒有他人，我們能否成為自己？

因此，他人似乎無法為我們所理解，同時卻又成為我們自我認同的基礎。這個矛盾讓我們想探究他人的角色：如果沒有他人的存在，我們是否還能成為我們自己？

1. 我們只有對著他人才會展現自己的樣子

他人會惹到我們，他人的存在經常會強加我們不想要的義務與束縛。按照某種廣為流傳的信念，「強者」的力量來自於孤獨。例：孤獨的牛仔。漢娜・鄂蘭（Hannah Arendt）強調這只是錯覺：人類只能從與同類的合作中得到力量。我們必須在能建立起人類之間關係的活動上，才能談論真實的行動。透過這種活動，每個人都能對他人展現他之所是（▶見文本閱讀3-1，95頁）。

2. 我們的自由建立在對他人的肯認之上

當他人的欲望成為我們的障礙而出現衝突時，我們就在與他人真實的差異中相遇。例：要是有兩個孩子想要同一件玩具，他們這時候真正要的並不是這個東西，而是要求他人肯認自己的欲望與存在。黑格爾在「主奴辯證」中描述了一種不同的自我意識為了能被肯認為自由的主體，而進行至死方休的鬥爭。

事實上，主人的自由表現在高於生命需求的力量上。主人準備

投入至死方休的鬥爭，而拒絕的則是奴隸。但「主人的恐懼是智慧的開端」：主人不將他人視為擁有自由的自我意識，他相信自己不需要對方；一個不能肯認自己的人，對主人有何重要可言？但自我意識若要取得客觀性，就得在另一個自我意識中發現自身：我們只有肯認他人是自由的主體，才能明白自己是自由的主體。要意識到自己的自由，就不能繞過他人，因此，肯認必須是互相的（▶見文本閱讀 3-2，96頁）。

3. 他人迫使我們清楚認識自己

我們相信自己非常認識自己，並且可以對他人掩飾自己所想。事實上，當我們對他人有所隱瞞時，我們正在自我欺騙。我們如何能夠撒謊卻又同時成為謊言的受害者？這個矛盾正是沙特所謂的自欺（mauvaise foi）。例：我們以個性易怒為理由，合理化自己的過分的反應。

然而他人的注視迫使我們再次認識自己的作為：我們無從脫身，因此，透過他人的眼睛，我們可以看見自己的樣子（▶見文本閱讀 3-3，96頁）。這種互為主體性（intersubjectivité）讓人擁有意識。然而，他人的目光並非不會錯。事實上，這種目光也可能會把我們侷限在某個角色裡面，把我們工具化：這就產生了沙特所謂的「鄙俗之人」（le Salaud）。

Q1：他人是另一個我自己嗎？

以下幾篇文本強調所有「另我」（另一個我）之相似性的曖昧之處。我們彼此相似，因為我們都是有感覺、有意識的存在，我們相互肯認彼此為同類，並擁有相同的處境：我們終有一死。但他人是否非得與我們相鄰，才能獲得我們接納？我們不能愛與我們「疏遠」（lointain）的人嗎？

哲人看法

TEXTES

自愛心[1] 讓我感受到對人的憐憫

文本閱讀 1-1

盧梭

尚‧雅克‧盧梭
Jean-Jacques Rousseau
1712-1778

盧梭想像人在自然狀態中，是獨立於彼此而平靜安穩的。盧梭和霍布斯相反，認為人本性並不是惡的。他既不善也不惡，只受對自己的愛與憐憫的引導。

文森‧梵谷，《良善的撒瑪利亞人》，1890年，油畫（73×60公分），收藏於荷蘭奧特洛的克勒勒－米勒博物館。

同意人類有唯一的自然德性[1]，我不認為對這個德性存在的任何反駁有什麼好擔心，因為最激烈詆毀人類德性的人[2]也不得不承認。我說的是憐憫[3]，對於像我們一樣軟弱、又容易遭逢災厄的生物而言，這是種合適的裏性。這種德性是如此普遍，對人類又如此有用，因此在人類懂得運用一切反思之前便已存在他身上。這種德性同時又是如此自然，就連禽獸也會偶爾展現出一些明顯跡象。我們無需提及母獸對小獸的溫柔，以及牠們為了保護小獸所冒的險，每天我們都能看到，要馬用蹄子踏過活生生的軀體，馬也會感到厭惡 [...]。我們很高興能看到，就連〈蜜蜂寓言〉的作者也不得不承認：人類是種富含同情心的、易受感動的生物，[...] 他為我們提供了一幅動人的圖像：一個男人被囚禁在牢裡，看到外面有隻猛獸，從一個母親的懷中奪走了她的孩子，用牠奪命的利齒咬碎了他弱小的身體，用爪子撕裂了孩子還跳動著的內臟。雖然他見證的是無關個人利害的事件，難道他不會感到激動害怕？當他看到這幅景象，又無法對昏厥的母親或垂死的孩子施予援手，難道不會感到焦急？

純屬自然的感動正是如此，先於一切反思而存在。

尚－雅克‧盧梭，《論人類不平等的起源與基礎》，1755，Flammarion《GF》叢書，2008，頁95-96。

定義

他人並非一般意義上的他者，而是與我產生接觸的他人。但他人指的並不僅限於我親近的圈子。

1 | 審校注：盧梭區分兩種愛，一個在自然狀態下的自然情感，根據自我保存而來的愛，我們翻譯為「自愛心」（l'amour de soi-même）；另一個則是在社會狀態下比較而做作的情感，是榮譽感根源，我們翻譯為「自尊心」（l'amour-propre）。

1 | virtu，讓人行善的秉性，在此為自然的傾向。

2 |〈蜜蜂寓言〉的作者孟德維爾（Mandeville）指出，私人的惡習如何構成公共的德性，也就是說，個人的自私如何為集體帶來好處。

3 | 這種感情讓人有感於他人所受的苦難。按照盧梭的看法，這種感情會減緩人自愛心（或是自我保存的本能）的力量，而保存整個物種。

理解命題的論證——文本閱讀 1-1

命題：憐憫是自然而普遍的德性，在理性發展之前便已存在。

論證一：憐憫是自然的，對人類而言是有用的，因為人類很軟弱，但我們在某些動物身上也能看到憐憫的存在。▶

Q：既然盧梭想證明憐憫是自然的感情，為什麼要以動物為參照？

論證二：孟德維爾在他的寓言中承認：所有人都能體驗到憐憫之情，儘管人類的惡習遠比德性多。▶ Q：為什麼在他引述的例子裡，「毫無利害關係」如此重要？請先指出這個概念在文本中的意義，再從這裡進行討論。

確實理解了嗎？如果人類顯然擁有某種自然的德性，也就是憐憫，那我們是否能說：按照這種觀點，人天生是善的？

文本閱讀 1-2

維永

弗朗索瓦・維永 François Villon
1431-約 1463

人類兄弟，認我做你們的一員吧

　　中世紀詩人維永很可能是在獄中寫下這首敘事詩。整首詩從呼求憐憫的哀歌開始，轉為死之警語（memento mori，原文為拉丁文，意思是「要記得你將死去」）。他不僅要人們不要嘲笑絞刑犯，還要記得我們終有一死，呼喚我們的是相同的命運。

> 未來的人類兄弟，
> 別對我們心懷仇恨[1]，
> 因為，如果對可憐的我們能有惻隱之心，
> 神會盡給予你們祂的憐憫[2]。
> 您看到我們五人、六人：
> 被肉身所束縛，饕餮過度，
> 長久以來[3]，揮霍又腐朽，
> 而我們，這些骨骸，將化為灰燼與塵土。
> 因著我們的惡，無人喜笑：
> 只有祈禱上帝赦免我們眾人[4]！
> […]
> 君王耶穌，至高之主[5]，
> 保守我們不進煉獄，是我們的主宰：
> 我們只能向祂祈禱替我們償還[6]。
> 人啊，這絲毫不是說笑；
> 而要向神祈禱赦免我們眾人！

1 | N'ayez les cœurs contre nous endurcis：對我們不要懷恨。
2 | 神原諒那些原諒別人的人，祂將憐憫你們。
3 | piéça：長久以來。
4 | 赦免各種罪。
5 | maistrie，即我們所有人的主。
6 | soudre，祈禱，清償債務。

Q：最後一節用了「我們」和「眾人」兩個代名詞，似乎抹去了存在
　　於應該原諒他人的生者與被吊死的死者之間的距離。對此你有何
　　推論？

愛遠人勝於愛鄰人

文本閱讀 1-3

尼采

費德利希·尼采 Friedrich Nietzsche
1844-1900

　　尼采對基督教「愛你的鄰人」的誡命提出批評。他指控這其實
是自私的、占有的愛。這種愛虛偽地轉向鄰近的他人，但事實上不
過是自我之愛。因此，尼采鼓勵我們要愛那遙遠者。

　　你們群聚在鄰人身邊並且對之稱讚。但是我要告訴你們：你們的
鄰人之愛是你們對自己低劣的愛。

　　你們走向鄰人以躲避你們自己，並且想要由此開始一種德行[1]：
但是我看透了你們的「無私」[2]。[⋯]

　　我建議你們以鄰人之愛嗎？我還寧可建議你們遠離鄰人以及對遙
遠者之愛！[⋯]

　　你們無法忍受自己並且不夠愛自己：現在你們想要引誘鄰人去
愛，並且藉著他的錯誤來美化你們自己。

　　我希望你們無法忍受各種鄰人和他們的鄰居；如此你們就必須由
你們自己創造出你們的朋友以及他滿溢的心[3]。

　　當你們想要稱讚自己的時候，你們就為自己找來一個證人：
並且當你們引誘他讓他認為你很好之時，你們自己也認為自己是
好的。[⋯]

　　一種人走向鄰人，因為他尋找自己，另一種人則是因為他想要失
去自己。你們對於你們自己低劣的愛使得孤獨對你們而言變成監牢。

　　遙遠者就是那些為你們對鄰人的愛付出代價者；並且只要當你們
是五個人彼此聚合時，第六個人總是必須死亡。[⋯]

　　我教導你們以朋友和他滿溢的心。但是當人想要被滿溢的心所愛
時，他必需懂得成為一塊海綿。

尼采，《查拉圖斯特拉如是說》I，〈論鄰人之愛〉。(KSA 4,頁77-78)，根據原文校譯。

[1] | 這種所謂的愛鄰人的德性，掩飾著某
種自私的自我之愛。

[2] | 無私（désintéressement）指的是無
償而不求回報的行動，不同於無關
（désintérêt）所指的「不感興趣」。無
關是漠不關心（l'indifférence）的同
義詞。

[3] | Débordant：一個朋友若有滿溢的
心，他會明白並猜想，並在一切之前
便先去愛。

Q：尼采拒斥愛鄰人的論證有哪些。
Q：「遙遠者就是那些為你們對鄰人的愛付出代價者。」鄰人並不是指
　　所有其他人，這種愛的基礎建立在排除了可能是敵人的其他人。
　　請解釋這個機制。

Q2：我們是否能觸及他人？

以下幾篇文本強調在克服他人的相異之處時可能會遭遇的困難。他人是否與我們相似，卻不相同（identique）？我們試圖透過與他人的相似之處來認識他人，卻忽略他的不同之處，因而遺漏了使他不同於我的獨特性。

文本閱讀 2-1

梅洛－龐蒂

莫里斯·梅洛－龐蒂
Maurice Merleau-Ponty
1908-1961

相似者有所不同

關鍵字區分

同一（identité）／平等（égalité）／差異（différence）

同一意指從任何角度看來，都在質的方面都一樣。平等指的是從量的角度來看是相同，找到共同衡量標準。差異可以表現在質或量的方面，差異讓我們能思考：人們可以是平等的，例如在法律上平等，但卻不需彼此同一。我們之間有差異（在力量、美貌、智力、財富上），然而卻又是平等的（在法律上）。

1｜身體的現象（corps phénoménal）：身體對我顯現、讓我能有所感知的部分，有別於「身體本身」（corps propre）。

2｜被呈現出的處境（situations apprésentées）：對我呈現的處境，其出現乃是透過我在他人身上感知到的事物，而這些並非我直接體驗到的事物。

但由此我們了解的他人，確實就是他人嗎？總而言之，我們在某種多人共有的經驗中，將「我」與「你」拉平，我們在主體性的中心引入了非個人的事物，我們從不同視角中抹除了個體性，但在這種普遍的混淆中，我們難道不是讓另一個自我隨著自我一起消失了嗎？[…]

我將他人感知為他的舉止，例如，我可以在他人的行為中、在他的臉上或是手上，感知到他的悲傷或憤怒，完全不用借助於自己某種受苦或是憤怒的「內在」體驗，因為悲傷與憤怒是人作為在世界存在的變化，是身體與意識所共有的，這些變化出現在他人的行為中，在他身體的現象[1]上明白可見，同樣也會出現在我自己的行為中，如同我的行為對我呈現的樣子。但說到底，他人的行為舉止，甚至他人的話語，都不是他人。他人的悲傷與他的憤怒，對我以及對他的意義，永遠不會完全一樣。對他而言，這些是他親歷的處境，對我而言，這些是被呈現出的處境[2]。儘管我在友情的感動之下，能夠參與到我朋友保羅的悲傷或是憤怒，這些依然是他的悲傷與憤怒：保羅因為失去了妻子而感到痛苦，或者他因為手錶被偷而感到憤怒，而我是因為保羅痛苦而感到痛苦，因為他生氣而感到憤怒，這兩種處境是無法重疊的。最後，如果我們共同執行某項計畫，這個共同的計畫並不是單一個計畫。對我和對保羅而言，這個計畫所展現的面向並不相同，我們看重這個計畫的程度並不相同，也不會以相同的方式看待這個計畫，只因為保羅是保羅，我是我。儘管透過我們各自的處境，我們的意識建立了一個它們得以溝通的共同處境，但我們都從自己主體性的內在深處，各自投射出這個「獨一無二」的世界。

莫里斯·梅洛－龐蒂，《知覺現象學》，1945，「Tel」文庫，Gallimard，409頁。

理解命題的論證──文本閱讀2-1

命題：他人與我是兩個獨特的主體，彼此互不重疊。因此，儘管我們因某種關係而連結，我們依然互不相同，也活在不同的生命體驗當中。

論證一：藉由他人的舉止與言談，我知道他人在想什麼，有什麼感覺。然而「他人的行為舉止，甚至他人的話語，並不是他人。」▶Q：為什麼在「我之所是」與「我對他人所呈現的樣子」之間，可以有所不同？

論證二：儘管透過同情，我能參與到他人的感受中，但我們的感受並不相同。▶Q：我們是否能設身處地站在他人的立場上感受與思考？

論證三：溝通並不是思想或情感上的一體相通，我們的生命體驗並不相同。

確實理解了嗎？如果我們說：「梅洛－龐蒂主張，由於人自身有其不可傳達的獨特性，人注定孤獨。」這麼說為什麼錯？

私密之我的表達

文本閱讀2-2

謝勒

馬克斯・謝勒 Max Scheler
1874-1928

為了體驗到對他人的同情，我們首先必須進入他的內在感受，才能表達出這些感受。根據謝勒的看法，同情並不是原始的情感。在他看來，我們與他人之間的確存在著某種原始的連結，這種由直接感知所揭示的連結，才讓我們可以直接感知他人體驗到的各種感受。

　　確切而言，同情必須在一切我們藉以設想、理解、重溫他人身上所發生的一切的態度，和他們的感情狀態之間，做出某種區分。我們經常將同情與這些活動相互混淆，在這點上我們錯了。[…]對這些活動與態度的檢視指出：任何對他人的喜悅或苦難的分享，都預設了對他人的（不論哪種）靈魂狀態有所認識，包括這些狀態的本性與質地[…]。這指的是兩種不同的態度，藉由這兩種態度，我們可以認為：關於他人的體驗，我們的認識與理解總是先於我們的憐憫與同情。我對於他人的靈魂狀態之存在的認識，並不需要借助於同情。[…]

　　在此，我們不會詳細檢視各種向我們揭露我們在他人身上的存在，以及他人所體驗到的各種感情的活動。[…]如果某個一般的自我的存在，在我們感受到某些特定情感的時候，會向我們揭示自身，這是因為在自我與我們以某種直接的方式所感知到的各種感受之間，存在著某種根本而具體的連結。同樣地，他人也可以有自己個別的自

| 友伴在巴黎，1933。

我，全然不同於我們的自我，因此，既然這個自我包含在每個人的精神活動中，我們就永遠無法以合適的方式予以掌握，永遠只能透過只屬於我們自我的有限方面予以掌握。而既然在自我與其感受之間，存在著內在連結，那我們就同樣可以承認：他人和我們自己一樣，都有某個永遠無法以合適的方式向我們揭露自身的內在領域。

但內在體驗的存在、內在感受的存在，在表達的現象中，並透過表達的現象，向我們顯現，也就是說，我們並非透過推理獲得認識，而是透過某種直接的方式、在某種原初而原始的感知意義上獲得認識。我們在某人臉紅時感知到他的羞恥，在他的笑中感知到他的喜悅。認為我們認識的首先是身體，這是錯的。醫生或自然主義者可能會如此表述，他們藉由人為方法，把那些以原始方式向我們顯現的表述現象轉化為抽象概念。我們可以更適切地說：身體提供我們外在感知的各種感覺現象，可能都同樣可以作為表達工具，幫助我們理解他人的內在領域，並且似乎會形成我們所體驗到的個人內在經驗的結論。這指的是一種象徵關係，而非因果關係（這是某種符號，它並不顯示出最終將實現事物的存在，而是這符號本身就是這個事物。）

馬克斯・謝勒，《同情的本質與形式》，1913，Payot，1971，17-19頁。

Q：謝勒提到某個「一般的自我」，不同於「個別的自我」。請根據文本，解釋這個區分。

Q：最後，如果內在的自我對我們而言一直都是被隱藏的，那我們能認識到的這個內在自我的外在表象是什麼？

> **從文本到論證——文本閱讀2-1、2-2**
> 藉由閱讀上面兩篇文本，以及你個人的反思，回答下述問題：
> 當我們有某些他人無法理解的感受時，我們可能會要求對方「站在我們的立場想一想」。在多大的程度上，這個要求能夠得到滿足？

Q3：若沒有他人，我們能否成為自己？

與他人的關係是自我意識得以出現的條件，是這種關係讓我們能夠建構出對自我認識。笛卡兒在沉思的孤獨中發現自己存在的確定性，相反地，以下文本閱讀則指出：要是沒有他人作為中介，就不會有自稱為「我」的主體存在。

我們只有對著他人才會展現自己的樣子

文本閱讀 3-1

鄂蘭

漢娜・鄂蘭 Hannah Arendt
1906-1975

　　人類的個體性在話語和行動中顯現。因此，每個人的獨特性，只因為他與不同於自己的他人相處時才會顯現，他人和自己一樣是人類，但必須透過行動，自己才與他人有所區別。

　　在行動和說話時，人們會透露他們是誰，主動顯露他們獨特的個人同一性，在人類世界裡表現出來，而他們的身體同一性則不需要他們的任何活動，就能表現在獨特的生理外型和語音上。從他們的一切言行，可以顯露一個人是「誰」──他可能想炫耀或隱藏的特質、天賦、才能和缺點──而不同於「是什麼」。唯有默不作聲或是消極被動才能隱藏他是誰，但是他也幾乎不曾刻意揭露它，彷彿擁有或拋棄這個「誰」，就像他可以擁有或拋棄他的特質一樣。相反的，在別人面前昭然若揭的這個「誰」，他自己反而一直看不到 […]。

　　當人僅僅是與他人為伍，對他人不依不違，而只是和睦相處，言說和行動的這個顯露的特質就會出現。雖然沒有人知道他以言行舉止自我揭露時顯現出來的是誰，但是他必須冒著揭露的風險，而願意冒這個風險的，既不會是為善不欲人知的無名英雄，也不會是東躲西藏的罪犯。這兩種人都是孤單的角色，一個是為了所有人著想，另一個則是與所有人為敵；因此，他們很少與人來往，在政治上也是個小人物，往往只有在墮落腐敗、分崩離析、正值破產時才會登上歷史舞台。由於行動傾向於隨著行為而揭露行為者，為了表露無遺，它需要我們以前稱為「榮光」的耀眼的鎂光燈，而那只有在公共領域才可能實現。

漢娜・鄂蘭，《人的條件》，林宏濤譯本，267-268頁。

關鍵字區分

間接的（médiat）／直接的（im-médiat）

直接的事物未經中介，而間接的事物則經過中介，因此需要中介者來建立連結。因此，不論是我與世界的關係，或是我與自己的關係，都不是直接的，這些關係都是因為我與他人的關係才可能存在：「他人是我與自己之間不可或缺的中介者。」（沙特）

Q：請解釋漢娜・鄂蘭在（我是）「誰」與（我是）「什麼」之間所做的區分。

Q：她為何認為我們無法「特意地去揭露」我們是誰？

文本閱讀3-2

伊波利特

尚・伊波利特 Jean Hyppolite
1907-1968

他人：透過他，我才獲得意識

人類並非動物，人有自我意識，所渴望的並不是一個客體，而是被他人承認為一個具有自我意識的人。這種欲望是對另一個欲望的欲望，因此無法為之設下界線。在這篇文本中，伊波利特對黑格爾的理論加以評述。

我發現 [⋯] 欲望永遠不會耗盡自身，而其反身性意向（intention réfléchie）引領我到根本的相異性（altérité essentielle）。然而，自我意識是絕對自為的[1]，因此要自我滿足，但若只有在自我意識的對象也對它呈現為某種自我意識，自我意識才能是自我滿足：事實上，在這種情況下，並且也只有在這種情況下，「對象同時是我也是對象時[2]」。我們發現不可或缺的相異性可以得到維持，而同時自我也發現了自身，這是欲望最深刻的目的，作為一個存在者而存在著。生命 [⋯] 只是我的另一個他者[3]，但是當生命變成另一個自我意識，對我同時顯現為相異與相同，在此欲望認識了另一個欲望，並投向這個欲望，而自我意識就在這種自我分裂中實現了自身[4]。

尚・伊波利特，《精神現象學的形成與結構》，1946，
Aubier Montaigne，1970，157頁。

1 | pour soi，對意識自身的意識。

2 | 如果欲望的對象是某個欲望著的主體，那它就是個欲望著的自我意識。

3 | 沒有意識的生命。

4 | 正是在對他者的肯認中，主體才能夠充分實現為自我意識：在肯認他者為欲望著的自我意識的同時，它肯認自身為帶有欲望的自我意識。

Q：為何對象無法滿足自我意識？
Q：在多大的程度上，他人能讓我與作為自由的自我意識的自己相遇，為何我無法獨自發現這個自我？

文本閱讀3-3

沙特

尚−保羅・沙特 Jean-Paul Sartre
1905-1980

他人：抵抗自欺的城牆

我自認我比所有人都更認識自己，然而，我所認識的，只是來自於親身經驗，我身處的情境當中，只在我與自己之間而沒有中介；而只有在他人的目光中，我才能超越這種體驗，客觀地觀察我的舉止、我的感受。

我對自己之所是感到羞恥。因此，羞恥顯示了某種我與自己之間的內在關係：我透過羞恥，發現了我的存在的某個面向。然而，[⋯]羞恥原本並非某種反思的現象。事實上，[⋯]就一開始的結構上，羞恥是在某人面前的羞恥。我剛做了某個笨拙或粗俗的動作，這個動作緊黏著我，我對它既不下好或不好的判斷，也沒有指責它有什麼不好的問題，我只是經歷了它，我以自為[1]的方式，在這個世界上就做了

1 | 自為（pour-soi）或是自我意識（conscience de soi），有別於為他（pour autrui）的事物。

這個動作。但這時我突然抬起頭來，有個人在那，正看著我。我突然明白到自己行為中所有的粗俗，我感到羞恥了。確實，我的羞恥不是經過反思的，因為他人在我的意識中的在場，哪怕是以催化劑的形式[1]，都和反思的態度互不相容。在我反思[2]的範圍內，我能遇見的永遠都只會是我自己的意識。然而他人是我與自身之間不可或缺的中介：我所感到羞恥的我，是我所向他人顯現的樣子。而透過他人出現，我才能像對一個對象做判斷那樣，對我本身做判斷，因為我正是作為對象向他人顯現的。然而這個對他人顯現的對象，並不是另一個心靈中的空洞形象。這個形象事實上完全可歸因於他人，而且不會「碰觸」到我。[…]羞恥在本質上，就是承認。我承認自己就是他人所看到的樣子。

尚－保羅·沙特，《存在與虛無》，1943，「Tel」文庫，Gallimard，265-266頁。

| 2012年11月14日，於美國克里夫蘭。一位女性手持標語，上面寫著她所犯的法：開車上人行道以避開校車。她得到的司法判決是：拿著這個標語牌（只有白癡才會為了避開校車，而把車開上人行道）在路邊站兩小時。

1 | catalyseur，單是存在就能引發某種反應的要素。

2 | 返回思想自身。

理解命題的論據 —— 文本閱讀 3-3

命題：「他人是我與自身之間不可或缺的中介」意指我們處於孤獨一人的時候，我們並無法感知到自己。少了某種讓我們認識自己的必要聯結。

論據一：羞恥是個好例子，因為我們是在他人面前感到羞恥，而不是在自己面前感到羞恥。

論據二：孤獨一人時，我們只是在情境中活著，而在他人在場時，我們就能夠進入客觀性。

論據三：我們體驗到羞恥感的這個事實，顯示了對他人存在客觀性的承認，即是我們知道了他人所看到的真實。

確實理解了嗎？借助於這篇文本，我們是否能說，在擁有自我意識與認識自我之間，有某種差別？

進階問題思考

PASSERELLE

Q4：他人是道德意識的基礎嗎？

▶見第二冊〈道德哲學導論〉、〈義務責任〉

| 拉爾夫·約翰尼斯（Ralf Johannes），《黑白與彩色人像》（*Hommes en noir et couleurs variées*），油畫，收藏於巴黎龐畢度中心。

1. 他人是個有位格的人

差異令我們恐懼，而我們應給予他人的尊重也並不總是能跨越人我之間的邊界。承認陌生人與我們是相同的，有時並不容易（▶見文本閱讀4-1，98頁）。然而，相互承認是主體建構的根本面向，它將主體當作一個人，也就是一個自由的自我意識的人。然而自由在根本上意味著責任，也就是主體自覺地接受其行動出於自身的事實。但我們有時會希望自己能夠逃避、擺脫這樣的責任。為了抵抗這種誘惑，我們求助於理性，以認識自己對他人的責任（▶見文本閱讀4-2，100頁）。

2. 他人是一張禁止我殺戮的面容

他人的目光讓我們無法忘記我們的責任，甚者，他人的存在本身就是在提醒我們的責任：我們對自己的責任。當然，同時還有對他人與對全人類的責任。我們是否就得為此而承認他人？我們是否就得視他人為自己的鄰人？我們是否能正視他人那巨大的陌生感、他與我們徹底的相異性，卻又無視於責任在自己心中的呼喚？這是因為在他人與我們徹底的陌生感中，我們與他人的關係超越了理解的合理性，因此我們感到對他人負有最大的責任：禁止殺害他（▶見文本閱讀4-3，100頁）。

文本閱讀 4-1

李維史陀

克勞德·李維史陀
Claude Lévy-Strauss
1908-2009

拒絕他人的傾向

在本文中，李維史陀指出，不論在哪個文化，人類都傾向於不信任他人、拒絕他人，因為他人與自己不同，這會讓人感到害怕。排外（對陌生人的恐懼）和種族中心主義（判斷其他文化不如自己的價值觀的傾向）似乎一直存在著，人卻對此毫無意識。

有一種最古老的態度（或許是建立在堅實的心理基礎之上，因為當我們置身於意料之外的處境時，這種態度很容易重新出現在我們每個人身上），那就是純粹而簡單地排斥離我們所認同的文化形式最遙

遠的其他文化形式，包括道德、宗教、社會、美學等方面。在面對我們所不認識的生活方式、信仰方式與思考方式時，「野蠻習俗」、「我們那邊都不這樣」、「我們不能容許這樣」這類許多粗鄙的反應，說明了同一種顫慄、同一種厭惡。因此，古希臘將不屬於希臘文化（以及後來的希臘—羅馬文化）的一切，都歸為「野蠻的」(barbare) 一詞下面；西方文明接著在同樣的意義上使用「野生的」(sauvage) 這個字眼。然而這些形容詞背後隱藏著同樣的判斷：在詞源上，「野蠻的」很可能指涉鳥鳴含混不清的聲音，相對於人類語言能達成的表意價值；而「野蠻的」意指「來自森林」，同樣展現了某種動物般的生命，而不同於人類的文化。在這兩個例子裡，人們都拒絕接受文化多樣性的事實；人類傾向於拒絕在文化之外、在自然之中，所有不符合我們生活常規的一切。[…]

事實上，人們知道，不區分種族與文明而包含所有人種形式的人類概念，是很晚才出現的，而其擴散也是有限的。就連人類這個概念是否已經達到最高度的發展，我們也絲毫無法確定，因為這個概念可能建立在模糊不清或是倒退（的觀念）之下。然而，對許多人類群體而言，對成千上萬的人而言，這個概念都是完全不存在的。人類只及於部落的邊界，語言群體的邊界，有時甚至是村的邊界 […]。

這就產生了某種稀奇的情境：兩個對話者殘酷地互相回嘴。在發現美洲後幾年內，在大安地列斯群島[1]，西班牙人派出調查委員會，以研究原住民是否有靈魂，原住民被丟入白種囚犯當中，並經由長期監控，以證實他們的屍體一樣會腐化。

這種既古怪[2]又悲慘的軼事，說明了（我們在其他地方發現其他形式的）文化相對主義的悖論：亦即在我們完全認同和我們試圖否認的文化與習俗之間，企圖建立起某種差別待遇。透過否認那些看來最「野蠻」或「原始」者之代表的人性，我們不過是採取了某種他們的典型態度。所謂的野蠻人，首先就是那些相信野蠻這回事存在的人。

李維史陀，《種族與歷史》，Unesco，19頁，「純文學」系列。

1 | Grandes Antilles，哥倫布首先發現的土地，在佛羅里達州與墨西哥旁邊。

2 | Baroque，怪異、奇特。

Q：野蠻人這個詞有兩個意思，請從文中找出這兩個意思，然後說明文中這句話：「所謂的野蠻人，首先就是那些相信野蠻這回事存在的人。」

Q：李維史陀斷言，人類的概念「很晚才出現」。請解釋。

Q：文化相對主義是種學說，它不認為某些文化的價值高於另一些文化。根據這種學說，沒有普世的價值，只有文化差異。作者所舉的例子如何說明這個學說？

Q：如果文化相對主義高舉的寬容，能夠抵抗種族中心主義，那它是否真的能讓不同文化彼此相遇，並讓相異性獲得接受？它不會產生其他問題嗎？

文本閱讀 4-2

康德

依曼努爾·康德 Emmanuel Kant
1724-1804

他人並不是手段，而是目的

在道德原則上，康德提出定言令式（l'impératif catégorique）的不同公式，即人們可以用理性推論出來，並確保我們在服從義務的情況下按照義務而行的命令。

因此，如果應當有一種最高的實踐原則[1]和——就人類意志[2]而言——應當有一種定言令式[3]，那麼，這必然是這樣的原則：它能從因其為目的自身，因此必然對每個人而言都是目的的東西之表象，構成意志的客觀原則，因而可充當普遍實踐法則。此原則的根據為：理性存在者[4]乃作為目的自身而存在。人類必定如此設想自己的存在。所以，就此而言，這是人類行為的主觀原則。但是其他每個理性存有者也必然根據對我有效的相同理性依據來設想自己的存在，因此，這同時是個客觀原則。它作為最高的實踐根據，意志的一切法則必然能由它而推衍出來。實踐的令式將是如下：如此行動，不論你自己的人格中的「人」，還是其他每個人的人格中的「人」（Menschheit），你在任何時候同時當作目的，決不僅僅當成手段來使用。

康德，《道德形而上學的基礎》（Kant: AA IV, Seite 428f.），根據原文校譯。

關鍵字區分

客觀的（objectif）／主觀的（subjectif）

一項行動的主觀原則，是指我決定遵循的個人規則。一項客觀原則對所有人都有效，它是由理性所指示的，讓每個人能認識其義務。

1 | 實踐原則（principe pratique），指行動的規範。

2 | 意志（volonté），「自己決定以符合特定法則之表現的方式行動」（康德）。

3 | 定言令式（impératif catégorique），義務的公式，一種無條件的命令：你應該，所以你能夠。

4 | 審校注：Die vernünftige Natur，其中的 Natur 不是指天性，而是指具有理性能力的存在者。

Q：對人「決不僅僅當成手段來使用」，這是什麼意思？
在什麼情況下，人們把他人當作手段？

Q：康德的公式提醒我們：我們對他人有義務，但對我們自己也有義務。我如何能只將自己當作工具來對待？

Q：根據康德的說法，我們對所有人的尊重是建立在什麼基礎之上？

文本閱讀 4-3

列維納斯

依曼努爾·列維納斯
Emmanuel Lévinas
1905-1995

面容的脆弱性，禁止我殺人

列維納斯提出的面容概念，讓我們能設想與他人之間存在某種真正的倫理關係。事實上，面容表現出來的脆弱，讓我面對我的責任，並禁止我進行殺戮。

面容上的皮膚是最赤裸、最貧乏的事物。它最赤裸，儘管是種莊重的赤裸。它也是最貧乏的：在面容中，有某種根本的匱乏，證據就是我們試圖用某些姿態、某種舉止，來遮掩這種匱乏。面容被暴露、受到威脅，彷彿我們被帶入某種暴力的行為當中。同時，禁止我們殺戮的，也是面容。[…]
面容是種表意（signification），是沒有脈絡的表意。我的意思是，他

人在面容上的正直，並不是某個具體脈絡中的角色（personnage）。一般而言，我們都有某種「角色」：我們可以是索邦大學的教授、法國最高行政法院的副主席、溫特爾的兒子、護照上所記載的一切、穿著的方式、自我介紹的方式。而所有的表意，就這個詞的一般性意義而言，都相對於某個脈絡：某樣事物的意義在於它和其他事物的關係。然而在此，相反地，面容只是就其自

| 一名共和軍士兵之死，羅伯特‧卡帕（Robert Capa）拍攝於西班牙哥多華，1936年9月。

身的意義。你，就是你。在這個意義上，我們可以說面容並未被「看見」。它是無法變為某個內容、被你的思想所掌握的東西；面容無法被任何東西所涵蓋[1]，它將你帶到所有事物之外。

正是在此，面容的表意讓面容脫離出與某種知識相對應的存在物。相反地，視覺在尋找某種符應關係；視覺尤其吸附於存在物。然而與面容的關係馬上進入到倫理的關係之中。面容正是人所無法殺滅的事物，至少在這句話的意義上：「汝不可殺人。」謀殺者確實是種平凡的事實，我們有能力殺死他人；倫理的約束並不具有本體論上的必要性。禁止殺人並不會讓謀殺變成不可能之事，即使禁止殺人的權威還存在於犯下之惡——惡的危害——的自責中。

列維納斯，《倫理與無限》，1982，Artheme書店出版，Fayard，1982，80-81頁。

1 | l'incontenable，無法被包含、被封閉在某個概念或思想中的事物，它是無限的，永遠超出我的反思所能夠賦予它的界線。

延伸思考

—— + ——

OUVERTURE

是否可能不再成為一個人？

文本閱讀——侯貝・昂特莫（Robert Antelme），
《人類物種》（*L' Espèce humaine*, 1957）

　　侯貝・昂特莫在第二次世界大戰期間，曾被遣送到德國的布赫瓦爾德集中營。他試圖講述自己的經驗，也就是質疑自己做為人的資格。本文描述昂特莫前往病患營區（Revier），拜訪生病的朋友K。

　　於是我走向鄰床，問躺在床上的人：

　　「K在哪？」

　　他轉過頭來，指著一個用雙肘撐著身子的人。

　　我看著那個曾經是K的人。我感到害怕，怕我自己看錯。為了讓自己放心，我看了看其他人的臉，我清楚認得這些人，我並沒搞錯，我還知道他們以前是什麼樣子。那個人一直撐著雙臂，垂著頭，嘴巴微開。我再度靠近他，探頭到他身子的上面，我盯著他藍色的雙眼許久，然後目光再從那雙眼移開：那雙眼睛毫無動靜 […]。

　　我什麼都認不出來。

　　我定睛在鼻子上，人們應該是能夠認出鼻子。我緊盯著這隻鼻子，但它沒告訴我任何事情。我找不到任何線索。我感到萬分無力。

　　我離開了他的床，轉頭回望了好幾次，每次都希望我之前認識的那個樣子能出現在我面前，但我連鼻子都認不出來。每次都只有那顆垂著的頭和那張半開的嘴。我離開了病患營區。

　　這一切都發生在八天之內。

　　那個在妻子的目送下離開的男人，已經成為了我們的一員，一個她所不認識的人。但在那一刻，還可能有另一個K的分身，是我們不認識，也認不出來的。然而，還有些人認得出他來。因此，發生這件事並非死無對證。那些睡在他隔壁床的人還認得出他來，他永遠不可能變成對所有人來說什麼都不是的人。當我問他隔壁床的人：「K在哪裡？」他立刻就指給我看了。對他來說，K還是他自己。

　　現在剩下這個名字，K，在我重逢於工廠的那個人身上漂浮著。但在病患營區看著他時，我沒法說：「這是K……」死亡並未藏有這麼多奧祕。

　　K將在今晚死去，這表示他還沒死。要宣布他死亡還需要等待，

這個我曾經認識、腦袋裡還有他的影像的人，他的朋友則有他更久遠之前的影像，必須等到在這裡的這個人和我們不再認得彼此，才算死亡。

這是在 K 的生命中曾經發生的事。在活著的 K 身上，我看不到任何人的影子。因為我再也找不到我認識的那個人，因為他沒認出我，剎那間，我對自己懷疑了起來。為了讓我安心確認我還是自己，我看向其他人，彷彿重新開始呼吸。

侯貝・昂特莫，《人類物種》，1957，「Tel」文庫，Gallimard，178-180頁。

Q：在侯貝・昂特莫認不出 K 的時候，他為什麼轉向其他人？

Q：似乎在同一個人身上可以有好幾個身分。這些身分是藉由什麼來界定的？

Q：「死亡並未藏有這麼多奧祕」這句話是什麼意思？

繪畫

愛情是盲目的嗎？

荷內・馬格利特（René Magritte），《情人們》（*Les Amants*, 1928）

一名超現實主義藝術家

荷內・弗朗索瓦・紀斯蘭・馬格利特（René François Ghislain Magritte, 1898-1967）是比利時超現實主義畫家。他深受喬治歐・德・奇里訶（Giorgio De Chirico）的作品影響，在 1930 年代接觸到許多巴黎的超現實主義者。他感興趣的是對事物（objets）的再現（représentation）；他著名的油畫作品《形象的背叛》（*La Trahison des images*，▶油畫，見下頁）上呈現了一支菸斗，下面寫著：「這不是一支菸斗。」藉此表明這幅畫並不是外在所呈現的事物，必須區分事物及其被再現之間的差異。超現實主義是第一次大戰後誕生的一股藝術潮流，主張讓想像力與自發性自由流動，拒絕理性控制並反對既定的道德。

荷內・馬格利特，《情人們》，1928，油畫（54×73.4公分），收藏於紐約現代藝術博物館。

荷內．馬格利特，《形象的背叛》，1929，油畫（60×81公分），收藏於洛杉磯郡立美術館。

一幅顛覆性的作品

　　一個男人與一個女人，可透過衣著識別其性別，兩人擁吻著。右邊的牆面與天花板和部分橫梁顯示，他們似乎位於陽台某處，暗藍色的背景讓人想起暴風雨中的天空。光源位於左側，平射的冷光讓整個場景顯得富有戲劇性，讓人想到電影裡包含上半身的中景（plan rapproché）拍攝的親吻鏡頭。在如此經典的場面中，令人驚訝的是，兩個愛人的臉包覆著一層白布。這兩張包著布的臉的意義為何？這張畫是否試圖證明「愛情是盲目的」這句流行諺語？是否相愛的兩人不需要看到彼此就可以愛著對方？我們還可做出下述假設：這兩名愛人雖然看不到彼此，不是真的遇見彼此，但他們卻是相愛的。視覺是認識與理解的隱喻。這兩名愛人以一種令人驚訝的方式，看不到彼此卻沒有任何不自在。他們給人的印象是：他們並未感受到白布的存在。這幅畫質疑的是這種經典論述：相愛的兩人並不需要看到彼此就能相愛。而畫中這兩張白布要表現的是：這兩個愛人看不到彼此，因此並不認識彼此。

練習：我們知道自己愛誰嗎？
Q：什麼原因可能讓我們無法與他人相遇？
Q：愛情關係是完全特別的，你是否認為愛情能讓我們接觸到他人一切與我們不同之處？
Q：臉上包著白布的事實，讓面容變得難以辨認，使我們無法辨別這兩人。如此一來，這兩個愛人都變成無名氏。這是否讓我們發現自己跟他們一樣？但他們也被當作「另我」（alter ego），而非全然有別的存在者。這是為什麼？

練習 1：掌握詞彙

連連看：將每個定義連到對應的詞彙，再連到反義詞，接著由你來
　　　　定義反義詞。

定義	詞彙	反義詞
a. 使人只關切自己快樂與利益的傾向。	・自私 Égoïsme	・博愛 Philanthropie
b. 對自我的崇拜，聲張自我的存在。	・憤世嫉俗 Misanthropie	・利他 Altruisme
c. 以自己做為一切的中心，傾向以一切與自己的關係和自己的利益來做判斷。	・自我中心 Égocentrisme	・謙遜 Modestie
d. 仰慕自我，注意力只放在自己身上。	・自誇 Égotisme	・他人中心 Allocentrisme
e. 對人類的厭惡而迫使人逃避他人相伴。	・自戀 Narcissisme	

練習 1 試答

a. 自私。反義詞是「利他」（關心他人的利益而展現出慷慨與
　 無私）。
b. 自誇。反義詞是「謙遜」（在自我欣賞上的節制）。
c. 自我中心。反義詞是「他人中心」（傾向於以他人為注意力
　 或行動的中心）。
d. 自戀。
e. 憤世嫉俗。反義詞是「博愛」（無私地尋求改善人類條件而
　 展現對人類的愛）。

練習 2：掌握詞彙 ▶ 見第二冊的〈道德哲學導論〉、〈義務責任〉以及本章

區分下述詞彙
a. 辯論－對話
b. 漠不關心－無私地

練習2試答

a. 辯論－對話

　　辯論是面對面的，是透過語言進行的戰役，而非嘗試去溝通。辯論參與者的目的在於發出強而有力的一擊。它要的是強大的氣勢，而非尋求真實。對話是兩方或多方之間的討論，各方互相尊重，試圖理解他人，也認真希望自己獲得理解。各方未必能有共識，但能創造出「雙方共同的存在」(être à deux)，而在實際上，對話中雙方完美的相互性會讓參與對話者認為：「我將自己的想法分享給他（他人），他也反過來促使我思考。」(梅洛－龐蒂)

b. 漠不關心－無私地

　　漠不關心是對某事物缺乏欲望，對某行動缺乏欲望、感到無聊。無私是無償行為，在行動完成後不求回報。

練習3 分析陳腔濫調的說法

　　我們既說「物以類聚」，也會說「異性相吸」。這兩句意思相反的陳腔濫調，顯示出我們在試圖定義友情關係時所遭遇的困難。為什麼？

練習4：分析隱喻

　　在一個寒冷的冬夜，一群豪豬為了透過彼此的體溫以抵抗酷寒，緊緊地擠在一起。然而，牠們立刻感到彼此身上的尖刺，於是又彼此遠離。只要取暖的需要，讓牠們再次靠近，隨之而來的痛苦就再次發生。就這樣，牠們徘徊在這兩種痛苦之間，一直到牠們找出對彼此最適中的距離，讓牠們能最大程度地堅持下去。──群居的需求就是如此驅使人靠近彼此，它源自人自己內在的空洞與單調；然而他們許多令人厭惡的性格與令人無法忍受的錯誤又使得他們彼此分開。那個他們最後找出的適中距離、那使得群居得以成立者，就是禮貌和規矩的社會道德。在英國，人們會對著那不保持適中距離的人大喊：保持距離！(Keep your distance!)──雖然如此會使得相互取暖的需求無法完全被滿足，卻不會感到尖刺所帶來的痛苦。──然而，誰具有許多自身的、內在的溫暖，他就寧可離開群居，以避免造成痛苦或感到痛苦。

叔本華，《附錄與補遺》Ⅱ第31章〈寓言，譬喻與虛構〉396節，根據原文校譯。

Q：叔本華並不是真的在講豪豬，那他是在講誰？當他說豪豬怕冷、需要取暖時，這個形象代表的是人類的哪些需求？

Q：豪豬彼此靠得太近會刺到對方，這反映的是人身上的什麼特質？

Q：在這個脈絡下，「自己體溫夠高」是什麼意思？

練習詮釋文本：從這個隱喻的分析出發，對本文主旨寫一篇討論文章。

練習5：反思一段引文

在莫里哀的劇本《憤世嫉俗者》當中，阿爾賽斯特（Alceste）這個人物說出了下述欲望：「有時我會突然產生衝動／要擺脫人類逃到沙漠裡。」

Q：這種想與他人隔絕的欲望，可能源自哪些動機？

Q：進行這樣的計畫，可能會引發哪些後果？優缺點為何？

練習6：理解文本

我想要一次日食，或是就出個大太陽來曬穀子，而不是這場咆哮哭鬧的暴風雨；接著，出於意願，我最後希望並以為事情將如我所願，但是事情有自己的步調。由此，我很清楚自己的禱告是出自蠢人之口。但當我為我的兄弟，男人們，以及我的姊妹，女人們，禱告的時候，一切都變了。我相信的通常最終會成真。如果我自以為恨，我就會恨；至於愛，也是如此。如果我相信我教的孩子沒有學習的能力，這種信念會寫在我的目光與話語中，並真的讓他變笨；相反地，我的信心與期待就像讓孩子開花結果的太陽。您說，我給我深愛的女人的德性，是她所沒有的。但如果她知道我相信她，她就會有這些德性。或多或少，但總得一試，我們必須相信。被鄙視的人，很快就會變成可鄙之人；尊重他，他就會提升自己。懷疑造的不只是一個賊；半信半疑就像是某種傷害。但如果我能夠付出一切，那我還能看錯誰呢？我們首先必須付出。

阿蘭，《談話錄》（1984年高中哲學考題引文）。

1. 理解文本

在人與物之間有哪些差異？我們對後者的期待是否必然為幻覺？

2. 強調關鍵

為何阿蘭說「首先必須付出」？為何真正的信心（confiance）是無條件給予的？

3. 檢驗命題的推論

阿蘭在本文中表示，藉由他人，既藉由他人所說的，也透過他人凝視我們的目光，我們才之所以為自己，那麼自由的空間何在？阿蘭如何說明：我的期待並不完全受我對他人的相信（croyance）所決定？

練習7：藉由一篇文本來分析一幅圖畫

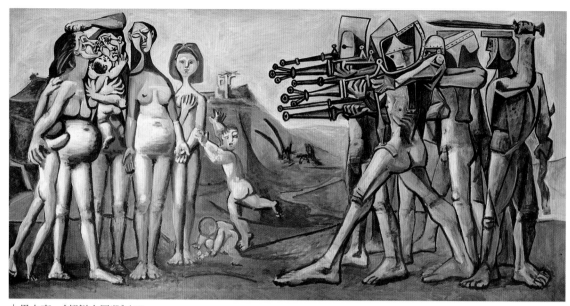

| 畢卡索，《朝鮮大屠殺》(*Massacre en Corée*)，1951，油彩合板（110×210公分），收藏於巴黎畢卡索美術館。

殺人並非取得主宰而是自我毀滅，是徹底放棄理解。殺人者在無力者身上行使某種力量。面容還是具有力量的，因為面容透過感性事物表達自身；但面容又已失去力量，因為面容撕裂了感性事物。面容中所傳達出他者的相異性，提供可能被徹底否定的獨特「質料」。我只能殺某個絕對獨立的的存在者，這個存在者無限地超越我的權力、因而並不是對立於我的權力，但卻癱瘓了權力的權力本身。他人是我唯一可能想殺的人。

列維納斯，《整體與無限》，Martinus Nljhoff出版，1961，216頁。

「認識他人最好的方式，就是連他眼睛的顏色都不要留意。」
（列維納斯）

Q：列維納斯談到面容：在這幅畢卡索的畫中，哪些人有面容？哪些人沒有？為什麼？

Q：列維納斯談到失去力量的面容：畢卡索如何在這幅畫中展現這種受害者的脆弱？藉由列維納斯的文本來分析這幅畫。

綜合整理

定義

他人是另我（l'alter ego），既是有別於我，因為他並不是我，同時卻又與我相似，因為他是有意識與感覺的存在。

提問 **Q1：他人是另一個我自己嗎？**

癥結
是什麼向我指出他人與我相似？

答題
方向
根據盧梭的看法，憐憫是自然的感情。
根據維永，作為必死的存在，我們都處在這個條件上。
但對鄰人的愛，可能只是對自愛的掩飾。
尼采鼓勵我們要愛那「遙遠者」。

引述
「純屬自然的感動正是如此，先於一切反思而存在。」（盧梭，《論人類不平等的起源》）
「你們的鄰人之愛是你們對自己低劣的愛。」（尼采，《查拉圖斯特拉如是說》）

提問 **Q2：我們是否能觸及他人？**

癥結
超越相異性，是能夠與差異相遇，並與超越差異。但這並不表示必須否定差異，或是讓差異消失。

答題
方向
根據梅洛－龐蒂的現象學分析，他人就其生命體驗而言是獨一無二且獨特的。

引述
「但說到底，他人的行為舉止，甚至他人的話語，都不是他人。」（梅洛－龐蒂，《知覺現象學》）

提問 **Q3：若沒有他人，我們能否成為自己？**

癥結
矛盾在於我得經由他人才能發現自己，而沒有辦法對自己能有直接的關係。

答題
方向
我只有和自己相處時，才能進行自欺的遊戲，為自己找藉口並相信這些藉口。但他人的目光，讓我不得不對自己有清楚的認識。

引述
「他人是我與自身之間不可或缺的中介 […] 我承認自己就是他人所看到的樣子。」（沙特，《存在與虛無》）

論文寫作練習：分析下述主題，並提出問題
■ 「何謂對他人的理解？」（經濟社會組，2004）
■ 「認識他人是否比認識自我更容易？」（經濟社會組，2008）
■ 「我們對他人是否有責任？」（人文組，2006）

5 ｜ 欲望

Q1. 我們是否應該克制自己的欲望？
Q2. 我們能否否定自己的欲望？
Q3. 欲望真正的本質為何？
Q4. 我們的欲望是自由的嗎？

▶見第一冊〈社會〉、第二冊〈自由〉、本冊〈他人〉

欲望與消費

| 安德烈斯・古爾斯基（Andreas Gursky），《九十九毛》，1999，攝影（207×336公分），收藏於巴黎國立現代美術館。

安妮・艾爾諾（Annie Ernaux）在她的自傳《歲月》（Les Années）當中，經由回憶描述了公元2000年代。她在本文中指出了消費社會如何包圍並占領了欲望，而讓欲望成了消費社會的殖民地。

展示商品的場所越來越巨大、漂亮、繽紛，經過仔細打掃，和地鐵站、郵局以及公立高中的破舊形成對比，每天早上都像在伊甸園第一天的光彩耀目與豐裕中重生。

照一天一瓶來算，一年還不夠我們試完所有種類的優格和乳製甜點。…食品不是「減少」就是「富含」各種看不見的物質：維生素、oméga 3、纖維素。所有存在的事物，空氣、熱與冷、草葉與螞蟻、汗水與夜間的鼾聲，都可能產生不盡的商品。…商業的想像沒有邊界。為了自己的利益，這種想像兼併了所有語言，包括生態的、心理學的語言，表現得像是人道主義或是社會正義一般，囑咐我們要「一起抵抗昂貴的生活」，要求「做你開心的事情」、「進行交易」。這種想像吩咐我們要慶祝傳統節慶，聖誕節和情人節，再加上齋戒期。這種想像是一種道德、一種哲學，是我們的存在無可置疑的形式。生命。真實。歐尚（法國大型連鎖量販集團）。

這是種溫柔而幸福的專制，我們並不會起而反抗的專制，必要的只是教育消費者讓自己避免於過度，消費者即個體的首要定義。

安妮・艾爾諾，《歲月》，2008，「新法蘭西評論」文庫，Gallimard，217-219頁。

一般看法	思考之後
幸福意味著我們的欲望得到滿足	滿足我們所有的欲望，是否真的就是幸福快樂的泉源？
欲望似乎是某種有待填補的空缺，會尋求滿足，至於什麼東西能夠讓我們感到快樂，則是相當主觀的。因此，欲望是種占有事物的渴望，而快樂則來自於滿足欲望。欲望似乎是私人的，我們每個人都有不同欲望。它尤其不應受到束縛，否則會感到挫折。相對地，個人要能充分發展，就得透過欲望，也就是消費的滿足。	在本文中，安妮・艾爾諾指出了消費社會如何操控我們的欲望，而創造產品的各種產業又如何分析我們的日常生活，好讓我們購買它們創造出來的產品。那麼，究竟是我在欲望，抑或我的欲望是來自於他人所欲望的呢？對事物的欲望，一旦得到滿足，我就感到幸福快樂了嗎？

我們試圖要滿足自己的欲望，好從中得到快樂。但欲望的實現，是否讓我們獲得了真正的滿足？

從定義尋找問題意識

定義

> 欲望是對缺乏的意識，以及我們為了填補缺乏所付出的努力，而缺乏卻永不止息地再生。

對缺乏的意識

我欲望著我所沒有的事物，而我所沒有的事物（或人）讓我感到缺乏。如果欲望被意識到，我就可以察覺到這個缺乏，但也有無意識的欲望，我們稱之為衝動。

我們為了填補缺乏所付出的努力

欲望包含著主動的向度。欲望，即盡力獲得我們所缺乏的事物。我們應該區分欲望與熱情：如果我們在做某事時體驗到極度強烈的喜悅，我們會說自己對這件事情有熱情（例如：對足球的熱情），這是專一而濃烈的欲望。然而，「熱情」來自於拉丁文的「*patior*」（意即承受、受苦），傳統上意味著某種極為強烈的感受，我們一旦被吸引就不再能夠抗拒。熱情和欲望相反的是，它包含某種被動的面向。

永不止息地再生

欲望似乎是不可能滿足的，彷彿是無止境的。一旦我們獲得了所欲望的事物，我們立刻又會渴望另一樣事物。

定義提出什麼問題？

欲望的定義清楚顯示出我們欲求自己所缺乏的事物，但我們不可能擁有一切。如果一切我所沒有的事物都讓我感到缺乏，我的欲望將會永無止境。▶ Q1：我們是否應該克制自己的欲望？

欲望的定義讓人思考：我們力求填補缺乏，但讓缺乏消失是否適當？我們又能否抵擋欲望？▶ Q2：我們能否否定自己的欲望？

欲望不斷增生，可能會使欲望連結到受苦（因欲望而受苦）。但這種再生也同樣展現出欲望的活力，甚至創造性的力量。▶ Q3：欲望真正的本質為何？

問題思考

—— ✛ ——

COURS

定義

> 欲望與需求不同，欲望是偶發的、瑣碎的、有時甚至是多餘的，並且總是不斷增生。需求是維生所需的、必要的，而且是在有限的範圍，因此，當我需要喝水時，我會感到渴，而且我有能力止住我的渴。例如：「我們是為了活著而吃，而不是為了吃而活著。」這句話出自莫里哀的《吝嗇鬼》，清楚表明了欲望與需求之間的區隔：我需要吃，這攸關性命，但如果是我為有所欲求而想要吃，這代表我想要滿足的是我貪食的欲望，而非我的需求。

定義

> 禁欲主義：主張棄絕欲望的道德學說。

定義

> 斯多噶派：古希臘的哲學學派，名字出自希臘詞 stoa（柱廊），而斯多噶派之父：季蒂昂的芝諾（Zenon de Citium）正是在雅典廣場旁有柱廊的建築物下教導的。

Q1：我們是否應該克制自己的欲望？

我們在欲望時，感受到的是缺乏與痛苦，以及欲望永無止境的增生，這似乎表示我們對欲望必須有所克制。

1. 滿足所有欲望並不會感到幸福

人們有所欲望，而當他們獲得所欲望的事物，便又再生出新的欲望，如此人們永遠無法停止欲望，也無法停止感受到欲望的空乏。根據叔本華的看法（▶見文本閱讀 1-1，115頁），欲望的滿足是短暫而虛幻的。例如：想吃一塊巧克力蛋糕的人，體驗到的不過是某種短暫而轉瞬即逝的快樂罷了，這種快樂很快就會被對其他事物的欲望給取代，不然就是因為吃太多而感到噁心。因此，我們永遠無法得到片刻休息，我們的存在注定要受苦，除非我們藉由禁欲（l'ascétisme），棄絕欲望。事實上，根據叔本華所說，確實有種暫時性的手段可以讓欲望沉默：審美的凝視，在這種時候，我們是世界的觀眾，而不再是演員。

2. 節制欲望，迴避痛苦

很顯然，所有人都會追尋幸福。但要感到幸福，是否就得滿足所有欲望？如果幸福在於某種不動心（ataraxie，即靈魂中毫無慌亂），那有智慧的人就會練習將他們的欲望分出高低層級。如此一來，快樂——我們簡單定義為沒有痛苦——就變得容易獲得。事實上，我們的天性會透過快樂，指出我們應追尋的事物，並透過痛苦指出我們應避免的事物。例如：當有人把手靠到火邊，他會被燙到，並由此知道必須躲避什麼。但某些立即的快樂可能會導致長期的痛苦，必須予以棄絕。只有自然的欲望是我們必須是去滿足的，如此一來我們就能感到幸福（▶見文本閱讀 1-2，115頁）。

3. 改變那些讓我們不幸的欲望

根據斯多噶派（stoïciens）的觀點，控制欲望的唯一方法，是運用意志的力量。意志是讓我們能決定要做某事而不做某事的能力。和欲望相反，意志的方向由理性所決定，而理性能讓我們區分真與假、善與惡。如果我們想要改變不可能之事，我們就冒著感到自己無力的風險。例如：我無法掌控自己是否要生病，這並不取決於我，因此希望不要生病便純屬徒勞。根據艾比克泰德（▶見文本閱讀 1-3，116頁），我們應該試著改變取決於我們的事情，接受我們絲毫無能改變的事情。例如：我的母親是否生病，這並不取決於我，但取決於我的是我對她的病況採取什麼態度：如果我接受這件事，一如其他不取決於我的事情，那我就能獲得片刻休息。抱持這種接受態

度也是一種意志：如果我們努力讓自己去意欲既成的事物，不只是承受，而是去接受，那我們就能感到幸福與自由，達到智者的沉著鎮定。

Q2：我們能否否定自己的欲望？

儘管欲望的存在可能會讓我們受苦，並顯得缺乏理性，但這是否是足以說服我們要限制欲望？

1. 克制欲望有違自然

　　智者學派（sophistes）說，如果想要從我們這樣的存在中得到什麼，自然就是去滿足欲望。約束人的道德迫使我們克制欲望因而得不到滿足，這種道德難道不是那些無法獲得快樂的弱者所創造的嗎？克里克勒斯為享受放縱聲辯（▶見文本閱讀2-1，118頁），反對蘇格拉底所主張的自我克制的道德（節制）。根據克里克勒斯的看法，事實上，奴役我們的並不是永不饜足的欲望，而是節制的規範。

2. 道德審判並非總是合理

　　我們經常指責快樂是有罪的。但如果我們努力行善，並為此排拒了自己的某些欲望，這能否讓我們免於罪惡感？不一定，因為精神分析學家已經指出，被壓抑的欲望（被我們排拒而處於無意識之中的欲望）並不會就此消失。它的存在會不斷糾纏我們，可能會讓我們生病（▶見文本閱讀2-2，119頁）。但我們是否應該為此而屈服於一切欲望？解決方法在於昇華。在這個過程中，主體得以將其欲望引導向社會更看重的目標。例如：侵略衝動可以在藝術創作或是體育競賽中得到滿足。

3. 忠誠與欲望的本質相反

　　唐璜要求自己的欲望要得到滿足。他不願為勾引所有他喜歡的女人後又拋棄她們而感到罪惡（▶見文本閱讀2-3，120頁）。在他看來，單單只和一個人結合，這是欲望的死亡，與快樂的終結。正是在為了獲得心愛的對象所付出的努力中，我們才找到真正的快樂，「然而一旦我們對這些欲望加以控制，那就再也沒什麼好說的，也沒什麼好期待的了。」（莫里哀，《唐璜》，第一幕，第二場）。因此，如果我們必須「追隨天性」，我們就不能透過克制欲望來達成，而是相反地要跟隨著那永不停下腳步的欲望本身。

關鍵字區分

義務（obligation）／束縛（contrainte）

義務是種推動我行動的內在力量，而束縛是不顧我意願迫使我行動的外在力量。

Q3：欲望真正的性質為何？

我們必須改變對於欲望的理解，才能擺脫「聽從欲望」和「克制欲望」的零和抉擇。而欲望似乎同樣具有某種創造性的積極向度。

1. 欲望可以引領我們向善

並不是因為善與快樂判然有別，這兩者就無法相互調和（▶見文本閱讀3-1，121頁）。欲望同樣也可以讓我們對善產生渴望。對柏拉圖而言，看到身體的美好時所體驗到的快樂，能讓精神通達美的理念與原理，並引領精神到所有事物的原理，這個原理即是柏拉圖在《會飲篇》中所謂的善。

2. 尚未滿足的欲望已經是某種快樂

我們認為正是因為欲望是被壓抑，因此只要一旦欲望得到滿足，快樂就會出現。然而，盧梭以某種弔詭的方式指出，我們有所欲望時所感受到的焦慮，本身就是快樂的來源（▶見文本閱讀3-2，122頁）：對某個事物有所欲望，在念及未來的快樂時，難道不是已經在想像並體驗到這項快樂嗎？在期待產生的匱乏具有強大的繁殖力，柏拉圖在《會飲篇》中已經告訴我們了：蘇格拉底談到了愛神（Eros）是 *Poros*（豐足）與 *Pénia*（貧困）的兒子，愛神永遠不會滿足；欲望處於知識與無知之間，推動著哲學活動。已經獲得知識的人並不欲求他已然擁有的事物，而無知的人則不知道他可以知道什麼，只有那些知道自己有所不知的人才會對知識產生欲望，而這種人就是哲學家。

3. 欲望是人的本質

雖然到目前為止，我們都把欲望界定為缺乏，但史賓諾莎提出了另一個更正面的定義：欲望是有意識的努力，一個存在者藉此延續他的存在。因此，欲望是動態的，一旦欲望得到滿足，我們就會體驗到喜悅。史賓諾莎質疑在意志與欲望之間的區隔，事物本身既不好也不壞，欲望是評價的來源、並決定什麼是可欲求的。因此，要改變某個欲望，只有在意識到是什麼讓我們產生欲望，並欲求更大的善的時候，才有可能（▶見文本閱讀3-3，123頁）。

定義

意志在傳統上與欲望有所區分，欲望驅使我們朝向虛假的善。意志則由理性所指引，讓我們能分辨真實與虛假的善，並為自己做出選擇。

Q1：我們是否應該克制自己的欲望？

下面的文本說明了過量以及毫無限度的欲望，如何讓我們淪為奴隸狀態。如果欲望是無法控制的，那不幸就是不可避免的。相反地，如果有某種紀律能讓我們克制欲望，那幸福就不是無法企及的。

哲人看法

———✦———

TEXTES

欲望不過是不滿足罷了

文本閱讀 1-1

叔本華

阿圖爾·叔本華 Arthur Schopenhauer
1788-1860

　　叔本華力圖指出：欲望只能負面地得到滿足，因為那只是沒有痛苦而已。我們真正能感受到的，也就是痛苦，則是正面而具體地感受到的。因此，無論如何，欲望都是受苦。

　　所有的滿足或是人們一般所謂的幸福，根本上與本質上都只是消極的，並且絕對不是積極的。這不是一種根源性的、由其自身來到我們身邊的幸福，而是它必須是對某個願望的滿足。因為願望——也就是缺乏——是每一種享受的先決條件。願望以及伴隨而來的享受都隨著滿足而停止。所以滿足或者幸福都只不過是從痛楚、從需要中解脫：因為這裡所指的不僅是每一個實際可見的痛苦，還包括願望——對之的忽略會妨礙我們的平靜，甚至還包括那使得我們的存在成為重擔的致命無聊。[…] 但是一旦當所有這些最終都被克服以及達到時，則其所獲得的，除了從任何一種痛苦或願望解脫之外，不再有任何其他，因此這就和在痛苦或願望出現之前的狀態是一樣的。

叔本華，《作為意志與表象的世界》，第四書，58節，1818年，根據原文校譯。

Q：為何欲望和困乏一樣是「所有享受的初始條件」？

Q：為何叔本華斷言不應滿足欲望是錯的？他所謂的滿足是指什麼？

快樂並不在於富足

文本閱讀 1-2

伊比鳩魯

伊比鳩魯 Épicure
約公元前 324-270

　　對伊比鳩魯而言，所謂心神安寧（ataraxie，沒有煩惱）的幸福是可能的。關鍵在於要將欲望分門別類，並注意自己的欲望必須符合自然。

　　我們必須意識到，在我們的欲望中，有些是自然的，有些則是虛妄的。而在那些自然的欲望中，有些是必要的，有些則只是自然的。又在那些必要的欲望中，有些對幸福而言是必要的，有些是對身體平

關鍵字區分

必要的（nécessaire）／偶然的（contingent）

自然而必要的欲望，是我們無法免除、無法不滿足的（例如飲水、進食、睡眠），因為這些是我們維生所需（在這個脈絡底下，我們也可以說這些欲望是需求）。而偶然的欲望（即隨時可以被改變的欲望）是我們可以體驗到的，但對生命而言滿足這樣的欲望並非是不可或缺的。例如：吃魚。

關鍵字區分

起因（cause）／目的（fin）

快樂是幸福生活的起點，因為快樂為我們指出了我們應追尋的事物；但快樂也是幸福生活的目的，即我們為了幸福而追尋的事物。

靜而言是必要的，還有一些對生命本身而言是必要的。而實際上，在關於欲望的正確理論中，所有的選擇與好惡都應該連結到身體的平靜與靈魂的安寧，因為幸福生活本身的完善正在於此。我們所做的一切，都在盡力避免身體的痛苦與靈魂的煩擾。……

正是為此，我們認為快樂是幸福生活的起點與目的。……然而，正因為快樂是原初的善，並且符合我們的天性，因此我們不會尋求所有的快樂，並且在某些情況下，我們對許多快樂視而不見，因為我們知道這些快樂將被許多緊跟其後的痛苦蓋過去。另一方面，我們認為有些痛苦比快樂更有價值，因為我們知道在長期承擔這些痛苦之後，會帶來某種超越這些痛苦的快樂。

伊比鳩魯，〈致梅內西的信〉，見《書信與箴言》，O. Hamelin 譯本，Nathan，1998。

Q：根據伊比鳩魯的看法，為何快樂是「幸福生活的起點與目的」？
Q：人們指責伊比鳩魯任由自己放蕩尋樂，批評他提出的享樂主義（尋求快樂便能感到幸福）。請問人們可能對他的哲學產生的誤解為何？

文本閱讀 1-3

艾比克泰德

艾比克泰德 Épictète
55-125

只有我們的欲望與判斷，才是取決於我們的

吉貝・加桑（Gilbert Garcin），《做自己的主人》，1999，攝影照片。

|| 此處艾比克泰德說話的對象是哲學的學徒，即正通往智慧之路的人。

艾比克泰德在他的手札[1]裡指出：我們必需控制欲望，方法是區分什麼是取決於我們，什麼不是操之在我們。要保持自由，我就應該欲求我能力所及的事物。

有些事物取決於我們，有些事情則不。取決於我們的是我們的判斷、我們的意向、我們的欲望，以及我們的厭惡：簡單一句話，就是一切我們所能做的事。而不取決我們的，則包括我們的身體、財富、名望，與權力：簡單一句話，就是一切我們做不到的事。

取決於我們的事物，在本性上是自由的，沒有障礙與束縛；而不取決於我們的事物，則是不可靠的、奴役人的、會受阻礙的，與我們不相干。

所以，你要記住，如果你把任何在本質上奴役人的事物當作是讓人自由的，又將與你不相干的事物視為是適合自己的，那你將會受到綑綁、感到痛苦、困惑，你將會怨天尤人。然而，如果你只將所能做的事物視為是自己的，並將實際上與你不相干的事物視為與你無關，那永遠不會有任何事物能強迫你、束縛你；你不會怪罪任何人，也不會指責任何人，你不會做出勉強自己事情；沒有事情能對你產生損害；你將不會有任何敵人，因為你將不會對任何有害之物感到痛苦。

艾比克泰德，《手札》，E. Cattin 譯本，「GF」文庫，Flammarion，1997，207頁。

理解命題的論據 —— 文本閱讀 1-3

命題：只有知道什麼是取決於自己的的事物，並試圖根據自己能力所及的範圍來行動的人，才是自由的。

論據一：我們如何去思考、如何去感覺，這是取決於我們的，而外在於我們的事物，則不取決於我們。▶ Q：在什麼程度上我們能說健康、財富、名望與權力是不取決於我們的？我們不也對這些事物有所欲求嗎？

論據二：自由在於能夠掌握那些取決於我們的事物。▶ Q：艾比克泰德反對的是對自由的何種流行定義？

論據三：倘若混淆了取決於我們與不取決於我們的事物，便會導致我們的不幸，清楚區分出兩者，則能讓我們成為自由的人。▶ Q：欲求過度的人是否意識到自己力量的限度？

從文本到論證 —— 文本閱讀 1-1、1-2、1-3

我們已經談過「伊比鳩魯的豬」（pourceaux d'Épicure，被延伸為縱欲之徒，見霍拉斯，《道德詩》，1.4）以說明何謂放縱。讀過這三篇文本後，請想像叔本華和艾比克泰德可能會如何指責伊比鳩魯，而伊比鳩魯又可能會如何捍衛自己。請找出下述觀念在意義上的轉變：幸福、快樂、受苦、滿足。

Q2：我們能否否定自己的欲望？

下述文本都有個共同之處：它們認為所有欲望都是自然的。我們正是在試圖盡量滿足欲望的過程中，完整地體驗到自己的存在。社會制訂了道德規則，則是以不正當的方式與自然作對，並試圖限制自然。

文本閱讀 2-1

柏拉圖

柏拉圖 Platon
公元前 428-347

只有符合我們天性的欲望，我們才應該滿足它

在這篇文本中，克里克勒斯和蘇格拉底進行了一場對話。他反對那些想要抑制欲望的人。相反地，根據他的觀點，如果我們想要完整地體驗人生，我們就得滿足這些欲望，抵抗道德，因為發明道德的是弱者，是無法讓自己快樂的人。

克里克勒斯：[⋯] 在自然而言既美好又公正的是，如我現在想坦誠相告，為了美好的生活，我們必須維持自己裡面最強烈的熱情，而非予以壓抑，而這些熱情，不論多麼強烈，都得由我們的勇氣和智慧來予以滿足，毫不吝惜地提供一切它們所渴求的事物。

然而，我認為，毫無疑問地，俗眾對此是無能為力的：也因此群眾[1]指責他們所無法模仿而令他們感到羞慚的人，想藉此掩飾自己的無能；群眾聲稱放縱是可恥的，正如我先前說過的，他們致力於臣服於天生的強者，並因為無法完全滿足自己的熱情，便由於自己的怯懦，而讚揚節制[2]與正義。[⋯]

如果我們能夠享受一切的善，而不受任何人的阻礙，那我們還會冒充主子，將群眾的法則、意見與指責強加在自己身上嗎？[⋯]

蘇格拉底啊，你試圖要追尋的真理如下：輕鬆悠閒、隨心無礙、任意自在[3]，只要是有利的，便能造就德性與幸福；其他的，一切裝飾[4]，都有賴於違反本性的人類習俗，全都不過是廢話與虛空。

柏拉圖，《高爾吉亞篇》491e6-492c8，根據原文校譯。

1 | 群眾或俗眾指的是最大多數人通常接受的意見。
2 | 節制（la tempérance），鎮靜的衝動，分寸。對立於放縱、過度。
3 | la licence，任意而為，無所限制。
4 | fantasmagories，在本文中，指人類神智瘋狂下的產物。

Q：人們為什麼經常說，必須抵擋某些衝動？根據克里克勒斯在這段講詞中的觀點，抵擋衝動的真正理由是什麼？

Q：克里克勒斯認為，弱者和強者彼此對立，而他把自己擺在哪一邊？請將本文中德性與幸福的概念，與這兩個概念在第二冊〈道德哲學導論〉、〈義務責任〉與〈幸福〉等章節所提出的定義相比較。

欲望需要得到滿足

我們可能會欲求道德所譴責之事。主體在相互矛盾的要求中分裂著，可能會放棄自己的欲望，甚至會對此毫無意識。欲望正是透過壓抑這個過程而處於無意識狀態。只不過，被壓抑的事物並不會被遺忘，並且會以這樣或那樣的方式，回過頭來糾纏我們。

　　我認為，至少，從分析的觀點[1]來看，人們唯一有罪的，就是讓出[2]了自己的欲望。

　　這個主張 […] 已經清楚解釋了我們在經驗中所觀察到的一切。說到底，實際上讓主體感受到罪咎的 […]，究其根源，永遠都是他讓出了自己的欲望。[…] 以行善的名義，乃至於以利他的名義行事，這遠遠不能讓我們躲避包括了罪咎的一切內在的災難底下。特別是，這一定不能讓我們躲避在精神官能症[3]及其後果底下。如果說分析能帶來什麼意義，那就是，欲望不會是別的，而是支撐無意識之主題的事物，是對於讓我們扎根於某個特定命運中的事物的闡述，這個特定命運堅持要求清償債務，而欲望會轉頭回來，並總是會將我們領回某個特定的航道，某個純屬我們個人事物的航道上。

拉岡，〈精神分析倫理〉，見《研討課》〈卷三〉，Le Seuil，1986，368頁。

1 | 此處是指精神分析。

2 | 放棄滿足某項欲望，予以壓抑。

3 | 與病患的一項或多項內在衝突有關的、沒有器官肇因的精神困擾。

理解命題的論據──文本閱讀 2-2

命題：欲望要求要得到滿足，若沒得到滿足，欲望就不會離我們而去，並持續不懈地纏擾我們，這就是罪咎感的起源。

論據一：經驗向我們顯明了，罪咎感會在我們放棄滿足欲望時出現。▶ Q：根據一般看法，罪咎感源自何處？

論據二：行善並不能讓我們免於罪咎感。▶ Q：但人們難道不是在感受到對惡的欲望或是在行惡的時候才產生有罪咎感嗎？

論據三：欲望是主體身上最根本的事物，欲望純屬於主體本身，並造就了主體的獨特性。

確實理解了嗎？假設欲望要求獲得滿足，這是否表示必須不計手段地滿足所有欲望呢？

所有的享樂都是變動不居的

唐璜，這個永不厭足的誘惑者。唐璜的男僕斯加納瑞（Sganarelle）總是譴責唐璜不斷變換愛情對象，唐璜在本文中對此做出回答。唐璜拋棄他誘惑得手的女人，對她們的痛苦無動於衷。他以服從天性和順服永無止境的欲望，來證成這樣的行為。

唐璜：什麼？你希望人們強迫自己[1]和初戀對象一直在一起，要我們為她放棄整個世界，讓我們的雙眼再也不能落在任何人身上？想要吹噓保持忠誠的虛假體面[2]，永遠在某個熱情將自己掩藏，從年輕開始就對其他令我們目眩的各種美麗保持死亡的狀態，這真是了不起的事。不、不，忠誠只對荒唐可笑之人有用，所有美女都有權利向我們展現魅力，而我們遇到的第一個美女，完全無權阻擋其他美女可以占據我們的心的合理要求。對我而言，不論在何處發現美女，她總是讓我心醉神迷：我輕易地屈從於這種柔性的暴力，她正是以此吸引著我們：我徒勞地投入對一個美女的愛情，但這愛情絲毫不會約束我的靈魂去對其他美女不公平。我留著一雙眼睛，好看所有女人的優點，在服從天性之下，向每個女人致敬並為她而獻祭[3]。[⋯]說到底，初生的愛慕有種無從解釋的魅力，一切愛情的享樂都是變動不居的。我們品味的是以上百次致敬塗抹在一個年輕美女心上的極度甜美，[⋯]並輕巧地將她引領到我們希望她前來之處。然而一旦我們成了她的主宰，那就沒剩什麼好說，也沒剩什麼好期盼的了；熱情的所有美好都到此為止，我們在這愛情的平靜中昏昏欲睡，如果沒有什麼新的對象可喚醒我們的欲望，可對我們的心展現出讓人想去征服的誘人魅力。

莫里哀，《唐璜》，第一幕，第二景，1665。「GF」文庫，Flammarion，2008年，54-55頁。

1 | 自我克制。
2 | 自我吹噓某事。
3 | 成為祭品。

Q：在唐璜的議論中，義務與正義的概念是不是被用反了？請明確說明「不公平」一詞在「對其他美女不公平」當中的用法。

Q：唐璜如何說明誘惑所讓我們耗費的心力，比起已獲得欲望對象的滿足，為我們帶來了更大的快樂？

從文本到論證──文本閱讀 2-1、2-3
克里克勒斯和莫里哀都要求欲望要能滿足自我，斷言這是種自然的行為。請試著提出能夠支持相反主張的論據。

Q3：欲望真正的本質為何？

　　下述文本強調欲望的主動面向。如果我們將反思聚焦於因欲望所產生的缺乏而導致的痛苦，那可能會忽視欲望所激發的創造性力量。

我們都混淆了對善與對享樂的愛

　　蘇格拉底和斐德諾的對話。他將人類的靈魂比擬成一輛馬車：馬車夫代表理性或智慧，他必須配合倔強的馬（混亂的欲望）或是順服的馬（意志或是我們的心）。我們事實上是嚮往的居所，嚮往著有時相互矛盾、有時又彼此相融的享樂與善。

　　還必須考慮一件事，即我們每個人身上，都有兩種駕馭我們、指使我們的傾向，我們朝著它們指引我們的方向前進：一個是天生的，也就是對享樂的欲望；另一個，是一種學來的意見，即對更好的事物的渴望。然而，我們身上這兩種傾向，有時彼此協調，有時又彼此鬥爭；有時是這方占上風，有時又是另一方。

　　當那引領我們朝向更好的事物的理性意見占上風時，這種支配的名字就是「節制」。然而，當不理性的欲望吸引我們朝向享樂的欲望並且駕馭我們的時候，這種駕馭被稱作「無度」。

柏拉圖，《斐德諾篇》237d6-238a2，根據原文校譯。

| 奧迪隆・雷東（Odilon Redon），《費頓的殞落》（*La Chute de Phaéton*），約1910，紙面油畫（40×48公分），收藏於蘇黎士布爾勒收藏展覽館。

Q：柏拉圖肯定我們身上有兩種相互矛盾的傾向：對快樂的欲望和對更美好的事物的渴望。根據他的看法，前者是天生的（從我們出生起就有的），而後者是後天習得的。請運用本文證明這個主張。

文本閱讀 3-2
盧梭

尚·雅克·盧梭
Jean-Jacques Rousseau
1712-1778

我們相信欲望應該得到滿足

盧梭在本文中堅持主張透過想像力所提供的養分來維持的希望的力量：一旦人們對某件事物產生欲望，就會把它理想化——這是所有快樂的所在——而相對於人們的想像，現實則讓人失望。

當我們產生欲望時，我們感受到了快樂；人們預計未來，如果幸福不來，盼望就自動延伸，而造成幻覺的激情維持多久，幻覺的魅力就能維持多久。[⋯]

對任何事物都沒有欲望的人是多麼不幸啊！可說是，他失去了他所擁有的一切。人從已獲得的事物所感到的快樂，少於人所期盼的事物，而人只有在達到幸福之前才感到幸福。事實上，人類既貪婪又狹隘[1]，天生就是為了想要一切卻少有獲得，從上天接受了令人安慰的力量，將他拉近他所欲望的一切，讓人順服在想像中，讓人覺得變得近在眼前、觸手可及，幾乎可說是交到了他手上。而且，為了讓這個想像中所具有的東西更加甜美，還可隨著情感加以改變。然而這一切的炫幻[2]似乎在對象本身面前消失無蹤；在擁有對象的人眼中，再也沒有什麼能夠美化這個對象；我們對親眼所見的事物沒有任何想像；對於我們所擁有的事物，想像再也不能加以裝飾，幻象停止在快樂開始之時。在這個世界上，幻想[3]的國度是唯一值得居住的地方，而人類的事物是如此虛空[4]，因此，除了自存的存在[5]之外，只有不存在的事物才是美的。

盧梭，《新艾洛伊斯》，〈第八封信〉，1761，
「Folio Classique」文庫，Gallimard，1993，333頁。

關鍵字區分

理想（idéal）／現實（réel）

當人在想像所欲望的事物時，人可以賦予它所有的特質，並無限地改變這些特質，這時我們就是把它理想化了；理想（l'idéal）就定義而言，就是無法企及的事物，因為它只存在於理念（idée）中。現實則是具體的、人可以體驗的事物，真實事物的性質是確定的，人無法依著想像改變事物的性質。

1 | 這是個矛盾，人類欲望不知節制，能力卻是有限的。

2 | 炫幻（prestige），誘惑力或光彩，能引誘人並給人留下深刻印象，卻帶有幻覺的特質。

3 | 幻想（chimères），空想、想像所創造的東西。

4 | 虛空（néant），什麼也不是。

5 | 指神。

理解命題的論證——文本閱讀 3-2

命題：「人只有在達到快樂之前才感到快樂。」意思是，人們在想像所欲望的事物並加以理想化時，所體驗到的快樂，比獲得該事物並具體滿足欲望之後更大。

論據一：人是有限的，但欲望是無限的，他擁有某種「令人安慰的力量」，即希望能讓他能想像並理想化不在眼前之事物。▶Q：我們欲求自己所沒有的、缺乏的事物。為何停止有所欲求的人，就會失去了「他所擁有的一切」呢？

論據二：一旦獲得欲望的對象，就無法再對它加以理想化，而現實總是令人失望的。▶Q：如果現實總是令人失望，那我們是否還有可能居住在盧梭所謂的「幻想的國度」呢？

確實理解了嗎？「我們只有在達到快樂之前才感到快樂」，盧梭如此說。請解釋這個矛盾的命題，並試圖在文本中找到兩個「感到快樂」這個詞的不同含意。

我們相信意志能夠對欲望產生作用

文本閱讀 3-3
史賓諾莎
巴魯赫·史賓諾莎 Baruch Spinoza
1632-1677

史賓諾莎反對意志能讓人們掌控欲望的看法，他表示，欲望與意志之間並沒有真實的區別：欲望正是善惡好壞的評價來源，我們透過欲望，才能評定某物是好的，以及評斷這是我們意志所想要的事物。

我在這裡將「善」理解為各種喜悅，以及可以帶來喜悅的事物，主要是能滿足期待的事物，不論是什麼期待。至於「惡」，我則理解為各種悲傷，主要是使期待受挫的事物。既然我們先前已經證明過…我們並不是因為判斷某事物是善的才欲望它，而是相反，我們稱某物為善的，是因為它是我們所欲望的；因此，我們稱自己所嫌惡的事物為惡的；每個人都按照他的感情來判斷或評定什麼是善，什麼是惡，什麼更好，什麼更壞，以及最後是什麼最好，什麼最壞。所以貪婪者判斷最好的是腰纏萬貫，最糟的是一貧如洗。有野心的人渴望的只有榮耀，畏懼的只有丟臉。忌妒者則指對他人的不幸感到稱心如意，再沒有比他人的幸福更令他難以忍受的了；因此每個人都按照自己的感情[1]來判斷什麼是善，什麼是惡，什麼有用，什麼沒用。再者，這種讓人不要他想要的事物，或是想要他不想要的事物的感情，稱為「害怕」；因此，害怕不是別的，只是擔憂，讓人以較小的惡，而避免將來更大的惡的到來……。如果人所害怕的惡是丟臉，那這種害怕就稱為「羞恥」。最後，如果避免某種未來的惡的欲望，變成對另一種惡的害怕，以至於我們再也不知道自己想要什麼，那這種擔憂就稱為「沮喪」，尤其是當我們所畏懼的兩種惡都處於最大的惡之中。

> 史賓諾莎，〈命題三十九·附釋〉，《倫理學》，Ch. Appuhn 譯本，
> 「GF」文庫，Flammarion，1965，頁173。

1 | affection，使人感動，或是不安、感動人的事物，在此是指產生影響的變化。

Q：史賓諾莎如何說明我們所謂的善惡乃是相對於我們的欲望？

Q：根據史賓諾莎的看法，放棄某種欲望的唯一方法是什麼？

Q：你如何在下述對立觀念間做出區隔：善／惡，以及好／壞？在本文中我們能否驗證這個區隔？

從文本到論證──文本閱讀 3-1、3-2、3-3

傳統的區隔是認為意志是理性的，而欲望是非理性的，並且只尋求享樂，但本文對此提出質疑。請寫封信給艾比克泰德（▶見文本閱讀1-3），運用這前列三篇文本，向他解釋欲望的正面與創造性的特質。

長文閱讀

—┼—

TEXTES LONG

口試

> ## 追隨欲望的生命是否幸福？

1. 我們的欲望過多

我們常相信：讓我們不幸的，在於無法滿足欲望。誰沒有夢想過無盡的財富，好滿足一切欲望，並因此獲得幸福呢？但對艾比克泰德而言，這建立在錯誤與對幸福的虛假認識之上：相信滿足無限的欲望能夠為我們帶來寧靜與幸福。但可以確定的是，這反而會讓我們看著幸福從身邊溜走。獲得幸福的唯一方法，是放棄去做那些不取決於我們的事。為此，我們必須開始改變我們的認知，從自己做起是必要的。

2. 幸福在於對自我的掌控

這表示要培育我們的理性。人類被賦予了一項能力，即理性（logos）。但這還不夠。必須要讓這項能力發揮效用：必須加以培育、訓練，好讓它能夠表現出符合其應所是、符合其本然所是。由此我們就能安置一切先在的定見（prénotions）。例如：我們都對於什麼是正確有某種概念，但對於該怎麼做才能正確行動卻無法達成共識，進而無法同意彼此對於正義與錯誤等概念。例如：偷竊者之所以偷竊，是因為他認為這是有用的（他對於有用已有先在的定見）。他知道偷竊之舉對他有害（他本人並不想偷竊），但又想要得自於偷竊的效用。他為了獲得自己想要的東西，卻用錯了方法。因此，鍛鍊理性對於想要自由的人而言是不可或缺的：也就是說，確認他行動的結果符合他想要的，而不會與自己相違背去選擇與目標相反的手段。

| 赫伯特・德瑞波（Herbert James Draper），《尤里西斯與女妖》（*Ulysses and the Sirens*），1909。

作品介紹

艾比克泰德

艾比克泰德 Épictète
55-125

　　艾比克泰德曾身為奴隸，後來重獲自由。他是斯多噶派哲學家，在羅馬授徒。他沒有寫過任何一本書，而是由學生尼柯米迪的阿里安（Arrien de Nicomédie），重新整理了他的筆記，編寫出《師門述聞》（Entretiens），以及一本以《手札》（Manual，希臘文是 Enkheiridion，指「用手拿著的東西」）形式記述的教誨。這本作品的對象是哲學的學習者、「不斷有所進展的人」、鍛鍊與追尋智慧的人。因此，《手札》主要針對的是實踐問題，即收集我們應該要馬上把握的準則，某種對哲學正確的評價與認知的彙編，進而引領學生去練習。《手札》以教育為目的。我們可以憑著理性，有智慧地運用其中的表述。《手札》從一開始就先處理欲望，那是因為欲望與厭惡是哲學教育的出發點。接著《手札》將討論促進行動的力量，最後再談判斷：我們談到三個哲學上不同的部分，三個不能缺少理性之運用的範疇。

　　I. [1] 分享事物：什麼是我們能力範圍之內的，什麼是我們能力範圍之外的。判斷、衝動、欲望、厭惡，這些是在我們能力範圍之內的：一句話，一切因為我們的作為而來的；身體、所有物、名聲、權力，這些是在我們能力範圍之外的；一句話，一切不因我們作為而來的。[2] 如果在我們能力範圍之內的，在本性上就是自由的，不受阻礙、不受束縛，那相反地，在我們能力之外的事物，就是軟弱的、奴隸、受阻的、外來的。[3] 因此，請記得：如果你把那些在本性上是奴役的當作自由、把外來的當作是自己的，那你將會受它束縛，哀傷將會臨到，麻煩將會入侵，你將怨天尤人；但如果你將只有屬於你的事物當作是你的，將外來的（正如它實際所是）當作外來的，那永遠不會有人能用不屬於你的事物來束縛你、阻礙你，你不會指責任何人，也不會控訴任何人，不會、永遠不會違背你的意願行事，你也不會有敵人，沒有人傷得了你，因為沒有什麼有害的事物能影響你。因此，目標遠大的你啊，要記得：不應為了達到目標而放慢你的行動，而應該從這一刻到下一刻，但是要對某些事物全然放手。然而如果在這些善、這些權力與財富之外，你還想要更多，首先你或許將不會獲得同樣這些東西，因為你同樣也以這些事物為目標，而無論如何，肯定的是，你所缺乏的善，只是那些能給你自由與幸福的東西。[5] 因此，現在就立刻對一切你所認為令你痛苦的表象說：「你只是個表象，而不是應該被顯示的樣子。」接著檢視這個表象，用你所擁有的規則加以驗證，特別是其中最首要的規則：這表象關乎的是我們能力範圍之內還是之外的事物？要是是我們能力範圍之外的事物，那答案就唾手可得了：「這對我微不足道。」

必須學會區分什麼是取決於我們的，什麼是不取決於我們的。

區辨事物是否是我們所製造的表象。

> 欲求或厭惡那些我們無能為力的事情，會讓我們變得不幸。

II. [1] 你要提醒自己，欲望所希求的是獲得欲望的對象，厭惡所希求的，則是不要遇上厭惡的對象。人身處欲望之中卻無法企及是不幸福，而人身處厭惡之中卻遇到糟糕的事是不幸的。因此，如果你所厭惡的，那些有違自然的各樣事物是在你能力範圍之內，那你將不會遇到任何所厭惡的事物；相反地，如果你去厭惡疾病、死亡或是貧窮，你將淪入不幸。[2] 因此，你要去除一切對你能力範圍之外的事物的厭惡，並反過來，厭惡在你能力範圍內有違自然的事物才是。至

> 消除當下的欲望：剛起步的人總是得從禁欲開始。

於欲望，則該將它徹底消除了；如果事實上你對某個在你能力範圍之外的事物有欲望，那你必然不會幸福，然而在你能力範圍之內的那些事物中，什麼都可以欲望，卻都已不再存在。要讓吸引力和排斥力為你所用，但要靈巧運用，要有所保留，不受束縛。

> 必須訓練自己，想像事物之所是的樣子，即脆弱、可能有消失的一天。

III. 對每樣令靈魂喜悅的事物，或是有用的事物，或是你喜愛的事物，你要記得，要想這是件怎樣的事物：它是個微不足道的事物的；如果你喜愛陶罐，那就想：「我喜愛陶罐。」如果哪天它被打碎了，你也不會感到煩擾；在你親吻你的孩子或是妻子時，你就想你親吻著一個人類，哪天他死了，你也不會感到煩擾。

> 必須想像一切可能隨著我們的計畫而帶來的後果。

VI. 當你需要專注於某個你做的事情時，你要記得這是個怎樣的事情。如果你出門去泡澡，你就想想在澡堂會發生什麼事，洗澡的人會弄髒、碰撞、弄傷彼此，那裡還有小偷。如此一來，你就能更確保自己專注在你做的這件事情上。如果你立刻說：「我想洗澡，並維持我的意志符合自然的態度。」這對每件事情而言都是一樣的。由

> 意志：由理性所引導的能力，透過它，我能夠承認發生的事情並不取決於我。

此，實際上，如果發生了什麼事，讓你無法洗澡，你手上已經有了答案：「但我想要的，並不只是這樣，還有維持使我的意志符合自然的態度；然而如果我起而對抗環境所發生的事件，我將無法保持這樣的態度。」

V. 讓人煩惱的並不是事物，而是人對事物所做的評價：因此，恐怖的並非死亡（因為就連對蘇格拉底而言，死亡都是恐怖的），而是人對死亡所做的評價：認為死亡是恐怖的，那麼死亡就變成恐怖的

> 為何死亡的概念會讓我們感到悲傷？這種悲傷的感覺是否合理？

事情。因此，當我們感到束縛或是煩擾，或是悲傷痛苦時，永遠不要錯怪到他人頭上，而要怪自己，意即我們自己的評估。一個不成熟的人，對於自己所造成的不幸，只會怪罪他人；一個開始成熟的人，則會怪自己；一個完全成熟的人，既不怪他人，也不怪自己。

> 對驕傲的批判。區分擁有（一匹馬）與存在（屬於我們的事物）。我們可以說什麼是純屬我們的事物？

VI. 不要為任何外在的優越而感到自豪。如果你的馬在你的耳邊說：「我很漂亮。」這還可接受。但要是你在自己耳邊說「我有一匹駿馬」時，要知道，讓你感到自豪的是一匹馬的善。那什麼才是你的？在於對認知表現的運用。只有當你在對認知表現的運用中，處於與自然協調的態度，在那一刻，你可以為自己感到驕傲，你也才真正地為自己的善而感到驕傲。

VII. 就好像在出航期間，當船舶入港，你下船準備儲水，途中

還得買一個小貝殼和一小顆洋蔥回來，但你的思緒一定要定在這艘船上，不時回到船邊，以免領航員喊你，他一喊，你就拋下一切，也免得被當成家畜一樣，手腳被捆著扔到船上。對人生而言也是這樣，如果你有的不是一顆洋蔥和一個貝殼，而是一個小女人和一個小孩，這都無妨；但如果領航員喊你了，那就奔到船邊，拋下一切，連頭都不要回。但如果你已垂垂老去，那就千萬別離開船太遠，永遠不要錯過喊你的聲音。

▶ 一則隱喻：人生就像漫長航程中的中繼站。

VIII. 不要試圖認為事情會如你所願地發生，而要想事情會以它自己的樣子發生，這樣你的人生過程就感到幸福。

◀ 我們必須欲求既存的事物，讓自己的意志服從事物的秩序。

IX. 疾病是對身體的束縛，而非對意志的束縛，儘管我們的意志並不想要疾病。跛腳的人是雙腳受到束縛，而非意志。對於發生在自己身上所有一切，你要這麼告訴你自己：因為你將發現，這是對於其他事物的束縛，而不是對你的束縛。

◀ 對意志而言，不存在外在的障礙。

X. 對於發生在你身上的一切，你要記得回到自己，尋找自己擁有什麼力量，能夠加以運用。如果你看到一個俊男或是美女，為了面對他們，你就會發現什麼是自我控制；當疲憊來襲，你就會發現什麼是耐力；受到責難冒犯，你就會發現什麼是耐心。有了這些習慣，你就不受表象所俘虜。

讓人能面對張力與明顯障礙的，是哪些智慧的品質？

XI. 永遠不要說「我失去了什麼」，而要說「我交出了什麼」。你的孩子死了？他被交出去了。你的妻子死了？她被交出去了。「我的財產被人奪走了。」它只是被交出去了。「但搶奪我東西的是惡人。」從你收回先前交給你事物的人，對你而言有什麼重要的呢？既然他讓你擁有這樣事物，那就仔細照料它，像是得自於他人的財產，像是那些得自旅社而傳遞下來的事物。

在心裡記得，我們不過是過客，而我們所擁有的並不真的屬於我們。

XII. 如果你想要進步，那就放棄這類算計：「如果我不為那些屬於我自己的事物擔憂，我將無法維生。」「如果我不懲罰我的奴隸，他們就會墮落。」因為寧可死於飢餓，沒有痛苦與恐懼，也不要在豐盛與不安中活著。寧可自己的奴隸墮落，也好過讓你自己不幸。[2] 同樣：從小事做起。油灌倒了，酒被偷了？告訴自己：「這是鎮定的代價，心平氣和、不動於心的代價[1]。」沒有什麼是非如此不可的。當你召喚你的奴隸，如果他聽到了又完全沒做你要他做的事，要想他可能沒聽到：他的處境或許不是像你這麼好，正好可以回應。如此那你就無需為此煩擾。

為了幸福，就得去除擔憂與痛苦。哲學的學徒可以從小事開始自我訓練。

1｜Ataraxie：靈魂中無所煩擾，幸福的定義。

XIII. 如果你想要有所進步，那你就得同意，對外在事物，要表現得愚蠢而荒謬，不要有表現出想知道什麼的意願。就算你對某些人而言顯得像是個角色，你卻不要太相信自己。因為你得知道，要能夠保持你的意志符合自然的態度，並同時擁有外在事物，並不容易，誰要是在乎其中一項，就必然會忽略另一項。

要活得與自然合致：讓自己的意志與世界的秩序相符。

XIV. 如果你希望自己的孩子、自己的妻子、自己的朋友能永遠

◀ 如何成為自己的主人？

活著，你就不理智，因為你要把能力之外的事物當作是你能力所及的，又希望不屬於你的事物能變成你的。同樣地，如果你希望自己的奴隸不要犯錯，那你就瘋了，因為你要缺點不要是缺點，而要變成別的東西。然而，一旦你想要什麼，在你的欲望中，不要失去期待——這是你能力所及的。因此，要演練你所能做的 [2]。每個人的主人，都是那個對他想要或不想要的事物，或有賞賜或奪走的權力的人。因此，誰要是堅決地想要自由，他不會不逃離他人的控制，否則，他必然會成為奴隸。

節制、領受、耐心，三種讓智者能保持沉著的品質。▶

XV.　你要記得：你的舉止要像是在宴會。人們在你身邊傳遞的菜餚要是傳到你旁邊，伸手接過，取你的那份，別貪心。要是沒把菜傳給你，也不要去取回來。菜還沒到，不要事先投射出你的欲望，要等菜傳到你手邊。對於你的孩子、你的妻子，對於權力、對於財富，都要這樣。終有一天，你會配得與諸神共飲。但如果你對於提供給你的事物絲毫不取，甚且輕蔑以待，那你非但會配得與諸神共飲，甚且還要分享祂們的權力。事實上，正是因為這樣的行為，讓蒂歐根尼、赫拉克利特斯及其同類成為並被稱為諸神。

沉著的智者是冷漠的嗎？▶

XVI.　當你看到有人流淚或是哀哭，不論是因為他的孩子出門遠行，或是因為他失去財富，練習不要被表象所誘惑，他只是經歷了從外在而來的痛苦，答案對你而言是唾手可得：壓迫這個人的並不是環境（事實上另外一個人可能就不會覺得自己受壓迫），而是他對於環境所做的評價。然而，在話語能力所及的範圍內，別害怕對他付出同情，如果情況合適，就與他一同哀哭，然而要記得，不要在心裡也哀哭。

艾比克泰德，《手札》，E. Cattin譯本，「GF」文庫，Flammarion，1997，63-70頁。

口試問題
1. 根據艾比克泰德的看法，我們是自由的，還是已被決定？請引述文本來論證你的答案。
2. 艾比克泰德並沒有說我們永遠都得去除所有欲望。為何哲學的學徒得去除欲望？
3. 人類是一艘船上的乘客，或是一場宴席中的賓客。這兩個隱喻能否和文本中的兩個根本概念，即自由以及自身之主人等概念相容？

Q4. 我們的欲望是自由的嗎？

▶見本冊〈他人〉、第二冊〈自由〉、第一冊〈社會〉

1. 我們的欲望能否讓我們有別於他人？

消費社會是一種社會與經濟體系，在其中人被不同方式驅使著。例如廣告，讓人產生欲望並進行更大量的消費及服務。矛盾的是，這些個別的人經常消費同樣的東西，然而，他們卻同時要求要對他們獨特性有所肯認。當我們理解欲望具有模仿的性質時，這個矛盾就更加明顯了（▶見文本閱讀4-1，頁108）。

2. 欲望是人類自由的表徵嗎？

在一個勸說我們滿足自身欲望的消費社會當中，我們可能會想，欲望是否正好反而讓我們放棄了自己的自由。外界加諸於我們對物的欲望，失去了欲望本身充滿活力與創造的特性，不再是欲望自身應成為的樣子，而是處於疏離與被疏離的狀態。事實上，透過我們所感受到的失望，消費之毫無限制的特質就變得真切（▶見文本閱讀4-2、4-3，頁109-110）。我們所欲望的並不是要擁有，而是要存在，但沒有東西可以滿足存在的籌畫，我只有在我的行動中，而非在我的消費中，才會實現自我。

| 美國雜誌《時代》（*Tempo*）封面上的瑪麗蓮·夢露，1955年2月。

消費是種模擬

文本閱讀4-1

吉哈德

荷內·吉哈德 René Girard
1923-

人們經常相信：消費是欲望主體與欲望對象（客體）之間的關係，因此認為這種關係中只存在著兩方。為了更新欲望的概念，吉哈德引入了第三方：競爭者（rival）。在欲望中，有欲望著的欲望主體，以及另一人欲求的對象。因此，欲望是種模仿的再現（由模仿所產生）。

在所有我們所觀察的欲望中，並不是只有一個客體（對象）與一個主體：還有一個第三方，即競爭者，人們可以試著例外地將它放在首要位置 [⋯] 主體欲望客體，因為競爭者本身欲望這個客體。透過對這個客體的欲望，競爭者向主體指出此客體是可欲的。競爭者是主體的模範，這並不是例如存在或是觀念方式等表面層次，而是在更根本的層次，即欲望的層次。

[⋯] 人一旦滿足了初級的需求，有時甚至在滿足之前，就會產生

強烈的欲望，但他並不確切知道這是什麼，因為他欲望的事實上是存在，一種他感到被剝奪走了的存在，而在他看來另一個人卻可以擁有的存在。為了獲得此一存在，主體等著另一個人來告訴他應該欲望什麼。看來，如果一個已經擁有更好的存在的模範，卻還欲望著某物，那只有可能是某個東西能賦予存在更全面的完滿。這個模範並非透過語言，而是透過自己的欲望，向主體指明某個客體是極度可欲求的。

讓我們回到一個古老的概念，這個概念的含意或許不為人所知：欲望根本上是種模仿，它耗盡力量在一個被認為是模範的欲望。它挑選和這個模範一樣的對象。

1 | 例如：一個幼兒總是有要玩另一個孩童手裡的玩具。

孩童在欲望上的模仿（mimetisme）是舉世公認的[1]。成人的欲望毫無不同，只是對成人而言，特別是在我們的文化脈絡下，成人經常恥於以他人為榜樣，他們害怕暴露自己存在的空乏。他們宣稱對自己極度滿意，他們將自己表現為他人的榜樣，每個人都複述著：「模仿我」好掩飾自己的模仿。

兩個趨向同一個對象的欲望會成為彼此的阻礙。任何與欲望相關的模仿物都會自動導致衝突。

荷內・吉哈德，〈從模仿到欲望到可怕的複製品〉，《暴力與神聖》，
1972，「法國文論」文庫，Grasset，1972，473-474頁。

Q1：你怎麼看競爭者做為模範的觀點？
Q2：吉哈德寫道：「他渴望的是存在。」他也說到：「成人存在的空乏。」吉哈德所謂的「存在」是什麼？人們不是通常都認為我們所欲的是占有的意義上的「擁有」嗎？請區分「存在」與「擁有」。我們又是如何混淆這兩者的？

文本閱讀4-2

布希亞

尚・布希亞 Jean Baudrillard
1929-2007

我們想要的不是擁有而是存在

布希亞分析了對物無止境的消費：我們並不真的欲望著物，我們欲望物只是因為對我們而言，物是我們所想成為的存在（être）的象徵，物在自身之內包含著某種存在（existence）的籌畫。但當然，擁有、占有事物，對存在而言並不足夠，這就是為什麼我們的籌畫總是令人失望，也是我們的消費永無止境的理由。

1 | 因為被吸收而消失。

我們社會的特性在於：所有其他的肯認體系，逐漸地被吸收[1]在獨厚於「地位」（standing）的準則之中。這個準則的樹立，顯然或多或少是根據社會的框架或是經濟的水準，但廣告的集體功能在於讓我們面對這個準則時改變我們的信念。這個準則符合道德，因為它是群

體所認可的，一切對這個準則的違犯或多或少都會有罪惡感。這個準則是極權的，什麼都無法從中逃脫：以私人的名義擺脫這個準則，並不表示我們沒有每天都在集體的層次上參與這個準則的制定。[…]所有人都透過物來看待自己[1]。[…]要成為消費的物，物就得變成符號[2]。[…]可消費的物構成了某種唯心論的詞彙表，在流逝了的物質性中指出了生命的計畫本身。[…]這說明了消費沒有界限。如果消費就像我們天真的理解那樣：某種吸收、某種吞嚥，人們應該會達到某種飽和狀態。如果消費與需求的次序相關，那人們應該逐步朝向滿足。然而，我們知道事情完全不是這樣：我們想要越消費越多。這種消費的強迫並非出於某種心理學上的宿命（喝過酒的以後還會繼續喝，等等），亦非純然出於誘惑所迫。消費看似無可遏抑，正是因為它是一種唯心論式的實踐，與需求的滿足或是現實原則[3]都無關（不然就是超過某種門檻）。這是因為消費總是被受挫的籌畫所刺激，而暗藏在物當中。直接化為符號的籌畫無需，便將其存在動力轉移到對消費物／符號系統且無限的占有上[4]。這樣的消費因而只能不斷追逐消費，或是持續地一再重新開始，以維持其所是：消費就是人之所以活著的理由。活著的籌畫本身，是片斷化、讓人失望、將意義被限定在符號化之中，並在連續不斷的 [欲求] 事物之中[5]重新開始，並被廢除。因此，「克制」消費，或是意圖建立可規格化的需求列表，都顯示出某種天真或是愚蠢的道德主義。

布希亞，〈符號消費〉，《物體系》，1968，「中介」文庫，Gallimard，頁237-238。

1 | 物體被視為描繪一個人特性的事物。

2 | 一個符號指出某個我們看不到的事物的在場。一個符號若是建立在約定俗成之上，便可做為某種象徵。例如：煙霧是火在燒的符號。例如：∞在數學中是「無限」的象徵。

3 | 和快樂原則（principe de plaisir）相反，現實原則（principe de réalité）指的是承認現實無法符合我的所有欲望，我必須拋棄欲望，或是推遲欲望的滿足。

4 | 要實現某個籌畫的人，相信自己能夠透過買某物，而認為這是代表他實現之符號。

5 | 單是物本身無法實現某個籌畫，因此我們獲得的物會讓我們失望，而欲望將轉移到另一個物身上。

理解作者的命題——文本閱讀4-2

命題：「可消費的物構成了某種唯心論的詞彙表，[…]指出了生命的籌畫本身。」這意指在購買物品時，我們欲望的並不是擁有，而是存在，而我們透過所消費的物品來尋求存在。

論點一：我們所擁有的物品揭示了我們的社會地位，顯示出我們之所是。

論點二：如果消費能夠滿足需求，那麼我們的滿足感將會到達某個最高點，但這並非事實。

論點三：這種無盡的消費並不出於某種不好的習慣（如某個癮），也不是由於我們被事物的奢華或是美所誘惑。

論點四：消費是無法滿足的，一個物並不能滿足我們所投入的存在的籌畫，要存在，光擁有是不夠的。

文本閱讀 4-3

艾爾諾

安妮・艾爾諾 Annie Ernaux
1940-

消費社會或是欲望的異化

按照本文的描繪，我們的存在是由消費所組織起來的。我們可以把本文讀成某種對布希亞的命題（▶見文本閱讀4-2）的闡述。

| 杜安・韓森（Duane Hanson），《超市血拚者》（*Supermarket Shopper*），1970，聚脂纖維樹酯人像與複合媒材。

1 | Escamotant，讓某物消失。

2 | Contempteur，態度批判的控訴者

商業的秩序是緊迫盯人的、要迫使人接受那喘不過氣的節奏。印著條碼的商品以日益增快的速度從運貨板車到推車，而在隱密的嗶聲中，一秒內交易費用就完成了[1]。孩子們都還沒放假，返校開學的品項便已湧現，諸聖節剛過，第二天就出現了聖誕節的玩具，然後二月泳衣就開賣了。物的時節令我們嚮往，迫使我們不停地提早兩個月生活。人們趕著衝往週日「例外開門時段」，晚上直到十一點，拍賣首日成了媒體播報的事件。「購物」、「促銷別錯過」成了無需爭辯的原則，成了某種義務。商業中心，以及其中的大賣場和商店街，已成為存在的主要所在，成了對物永無休止的沉思，成了平靜享樂的所在，毫無暴力，受到肌肉強而有力的保安所保護著。[…]對青少年而言——特別是那些無法憑靠其他方法在社會上突出自己的青少年——個人價值是由衣著的品牌所授予的，我要萊雅是因為我想要。而我們，我們這些消費社會裡高傲的蔑視者[2]，我們屈從於對一雙靴子的欲望，就像過去屈從於第一副太陽眼鏡，接下來是迷你裙、喇叭褲，短暫地創造了一個全新存在者的幻象。就像這樣，比占有還要占有更多，人們就越是追逐 Zara 和 H&M 的貨架，毫不費力地立即為他們帶來物的獲取：一種對存在的補充。

安妮・艾爾諾，《歲月》，2008，「新法蘭西評論」文庫，Gallimard，197-198頁。

Q：本文如何說明了布希亞所分析的擁有與存在之間的混淆？

繪畫

欲望難道不是另一個欲望的欲望嗎？

帕里斯手扶下顎沉思。　　　赫米斯（戴著有翅膀　　　阿芙蘿黛蒂顯然是獲勝者：
　　　　　　　　　　　　　的帽子）手中拿著金　　　她接受了一頂月桂冠。
　　　　　　　　　　　　　蘋果，是神的信使。

| 皮耶・保羅・魯本斯（Pierre Paul Rubens），《帕里斯的定奪》（*Le Jugement de Pâris*），1638年（199×379公分），收藏於馬德里普拉多博物館。

背景：帕里斯致命的選擇

　　皮耶・保羅・魯本斯（1577-1640）是荷蘭國王的御用畫家，後來又晉身於西班牙宮廷。他受義大利繪畫大師的影響，畫風屬於巴洛克的流派。歐仁・德拉克羅瓦（Eugène Delacroix）非常欽慕他，稱他為「繪畫的荷馬」，在西洋繪畫史上，他代表了十七世紀時強調顏色的首要性。帕里斯，人間最俊美的男人，被請來介入一場紛爭，紛爭裡的三位女神分別是雅典娜、阿芙蘿黛蒂與赫拉。他得將刻著「給最美者」的金蘋果交到其中一位女神手上。阿芙蘿黛蒂承諾他凡間最美的女人海倫的愛情，雅典娜承諾他戰場上的勝利，赫拉則承諾他歐洲與亞洲的榮耀，最後帕里斯選擇了阿芙蘿黛蒂。當時海倫是斯巴達王墨涅拉俄斯的妻子，而帕里斯則被父親普里安王任命為特洛伊的使者，在到達斯巴達時帶走了海倫。希臘諸王都被墨涅拉俄斯動員前往特洛伊——這就是特洛伊戰爭的起頭，該城在這場戰爭中被摧毀殆盡。

分析工具：從神話到畫布

帕里斯選出了最美的女神嗎？他的欲望引領他到女神身上，還是女神所提供的事物上？這幅作品向我們展現了三名裸體女性，在牧羊人驚呆的眼前起舞。魯本斯選擇強調的是神聖的美在我們身上引發的肉欲。不過，神話向我們指出的是說服的競賽而非美的競賽，因為帕里斯將勝利給了阿芙蘿黛蒂，他認為後者的承諾對他而言是最佳的（要記得，赫米斯是能說善道之神）。欲望是否必然毫無節度？選擇了阿芙蘿黛蒂，或許也就選擇了某種節度（mesure），她只給帕里斯他能真正嚮往的東西。另外兩位女神所提供的無敵與榮耀，卻是沒有節度的。過度的表現，就在於無法節制，按照希臘的智慧，這就是人註定要不幸的原因。

對美的欲望是否只是種屬於肉體的欲望？阿芙蘿黛蒂，掌管愛與美的女神，代表了對美的欲望，柏拉圖就很看重這種欲望：感官的美具有理智的性質，我們可以藉此通往哲學。

練習：愛的欲望

Q：選擇海倫的愛，這是否只是節制的展現？對權力與榮耀的欲望是否有可能得到滿足？

Q：黑格爾說過，欲望是對另一個欲望的欲望。帕里斯的選擇如何闡述這句斷言？

Q：吉哈德的文本（▶見文本閱讀4-1）結束於下面這句話「任何與欲望相關的模仿物都會自動導致衝突」。為什麼這則神話可作為這句話的闡述？

練習1：掌握詞彙

　　針對下列不同欲望的解釋，說明哪些是真實的欲望，哪些更應被稱為是需求或意願。本章開頭的一些名詞區別或許對此有所幫助。

a. 我想要通過高中畢業會考。

b. 我想要吃一份巧克力冰淇淋。

c. 我想要成為富人。

d. 我想要找到工作。

e. 我想要去海灘。

f. 我想要抽根菸。

練習1試答

a. 這個表達比較像是意願。事實上，這很像是由理性所引導的、可實現的計畫，而理性正是區分善與惡、真與假的能力。想要通過能讓自己追尋更進一步研究的考試，這完全是理性的。

b. 這是種欲望。吃巧克力冰淇淋並非生存所需，我們這麼做是因為嘴饞。

c. 這是種欲望，該欲望表現在其無限度的特徵上：財富無法抵達上限，我們總是可以欲求更多財富。

d. 這是種需求：在雇傭社會之中，沒有收入要如何生存？我們也可以說這是種意志，這種由理性所引導的計畫，讓我必須運用我能力所及的手段來真正實現這個計畫。

e. 這是種欲望：這不是什麼非做不可的活動，對於喜歡這種活動的人而言，這是令人愉悅的消遣。

f. 我們可以說這是種欲望，因為它完全不是生存所需。但當它指的是種成癮物質（會讓人產生依賴），那它有時會更接近需求。

練習2：掌握詞彙

　　下述表述都使用了欲望或欲求的字眼：請分析這些表述以說明其涵義。這些表述強調了欲望的什麼面向？

　　「她懂得讓人喜歡自己」、「他的工作不讓人滿意」、「他把他的欲望當作現實」。

> **練習2試答**
>
> a. 「她懂得讓人喜歡自己」：當人們對我們有所期待，不要現身。這句短語強調欲望對象的缺席所誘發的缺乏。
>
> b. 「他的工作不讓人滿意」：事情做得不好，完成度應該還能更高。這句短語強調的是少了什麼。
>
> c. 「他把他的欲望當作現實」：他在幻想，他並未認知到自己想像的東西並不存在。這句短語強調欲望虛幻的面向。

練習3：掌握詞彙▶見第一冊〈社會〉、第二冊〈自由〉、本冊〈他人〉

請區分下述詞彙：

—— 普遍（universel）／一般（général）／特殊（particulier）／個別（singulier）

—— 主體（sujet）／客體（objet）

—— 所有者（possesseur）／物主（propriétaire）

—— 使其平凡（banaliser）／使其統一（uniformiser）

練習4：觀念分析

下圖描繪的是伊比鳩魯所提的分類（▶見文本閱讀1-2）

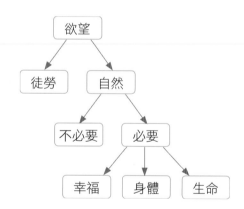

請將下述欲望分別歸類到圖表中的類別，並證成你的選擇：

a. 對榮耀的欲望

b. 對喝一杯涼水的欲望

c. 要有朋友的欲望

d. 看電視的欲望

e. 孤獨的欲望

f. 對財富的欲望

g. 想擁有海邊別墅的欲望

h. 在冬天想要能夠暖身的欲望

練習4試答

徒勞的欲望：a. d. f. g.

自然而非必要的欲望：e.

自然且對生命是必要的欲望：b.

自然且對身體是必要的欲望：h.

自然且對幸福是必要的欲望：c.

練習5：隱喻分析

　　薛西弗斯被諸神詛咒，得永遠將石頭推到山頂，但當他到達頂峰時，石頭又再度滾下。他的懲罰能說明欲望的哪些特性？

練習6：深化概念

　　有三種不同方式可以讓欲望變得無限，請找出例子並加以說明。

a. 欲望之所以無限，是因為欲望的對象本身就沒有上限。

b. 欲望之所以無限，是因為我們絕對無法獲得欲望的對象。

c. 欲望之所以無限，是因為它總是不斷增生。

練習7：理解文本

　　我想從眾多的老者中抓住一個對他說：「我看你已活到人類生命極限的歲數；你擔著百歲甚至更多的年月。那好！請回顧你的一生，說吧：在一生中，你花了多少時間周旋於一個債主、一個情婦、一個恩人或一個客戶；花了多少時間在與妻子爭執、處罰奴隸、在城裡四處奔波應付社交生活。加上因自己所為所招致的疾病；再加上無所事事的時間；你會看到你的年歲比你所數算的更少。請你回想，何時曾訂下一個計畫，在你下了決定後過去了多少日子；何時你是依自己安排，何時你臉上帶著自然的表達、何時你的心靈毫無恐懼，在一段如此漫長的人生中，你做出了什麼成果，多少人在爭搶你的人生，但你卻未曾覺察到你失去了什麼；你一生中又多常陷於無益的痛苦、愚蠢的喜樂、盲目的欲望、奉承的社交，而你留給自己的時間多麼的少；你將發現，自己在死亡來臨前已漸漸死去。」是什麼造成這一切的呢？你活得像是你應該永遠活著一樣；你從未想過自己的脆弱。你並未注意已然流逝的時間長短；你把時間當成源自某個豐盛滿盈的泉源，然而就這樣在某一天，當你把時間花在某個人或物時，這可能是你的最後一天。你很害怕凡人必經的枯朽死亡，滿懷對一切不朽的渴望。

塞內卡，《論人生苦短》（卷三），根據原文校譯。

a. 理解文本
——塞內卡對某個老者說「你早已提前死去了」。通常是在什麼情況下，我們會說一個人早已提前死去？
——塞內卡區分失去的時間和得到善用的時間。請繪製兩欄式的表格，條列出「失落的時間」與「善用的時間」的活動。
——如今我們用「有閒暇時間」（loisirs）來說明「進行令我們愉悅的休閒活動」，但這個字的單數——從容（loisir）——是更根本的古希臘概念，指的是自由的、不受束縛的時間，可以讓我們充分地反思與沉思更為根本的活動。這個概念如何幫助我們理解這篇文本？

b. 強調重點
我們可以認為塞內卡在邀請我們「把握今日」、「把每天當作最後一天過活」。如果按照這篇文本的精神來看，這些命令的準確意義是什麼？塞內卡這篇文章又如何反對兩句格言通常會被賦予的意義？

c. 檢視論點的後果
塞內卡的文本斥責人們在欲望時，彷彿自己永遠不死。這個批判指向欲望的哪些特點？在什麼條件下，作為有限存在者的人類，可以因此過得幸福快樂？

練習解釋文本：請寫一篇論文說明本文的主題與命題。

練習 8：理解文本

人類心靈的獨特之處之一在於，儘管依照人類的習性會做出有利自身的判斷，但有些時候，他們自以為的自己比實際上他們之所是更為不堪。這興趣在他們看來是自己最主要的熱情，儘管他們還有其他更強烈、更普遍、更容易調整的興趣，都無助於這種被當作自我滿足之工具的興趣；這是想要與眾不同之愛。人們盡其所能要增加財富，但這是為了讓自己被認為是想成為富人的人。以下事實證明了這一點：每個人不會自限在這種舒適安逸的平庸裡，而是想達到令人注目的富裕程度，但為此而增加的照管與辛勞卻幾乎和貧窮本身一樣沉重。還可證明這點的是，富人如何可笑地運用他們的財富。這些揮霍完全不是為了他們的享受，而只是為了吸引他人欣羨的目光。顯然要與眾不同的欲望是奢侈豪華的享受之唯一根源，因為就閒散疏懶的享受來看，只有少數貪圖感官享受的人懂得品嘗其中甜美，在其中感受到單純。因此，我們看到在同樣的原則底下，所有的家庭都不斷為了在增加財富與破產之間輪替而勞動。這是薛西弗斯流血流汗推到山頂，在下一刻又推下山谷的石頭。

盧梭，〈論榮譽與德性〉，見《政治散論》、《社會契約論》，1762年。

a. 人類都認為他們最大的欲望是財富；然而盧梭糾正這個人們普遍認為的觀點。根據他的看法，什麼是人類最根本的欲望？

b. 認為盧梭斥責人們對財富的欲望可能是種誤解。事實上，他在文本中區分了奢侈豪華的享受（炫耀的花費）和閒散疏懶的享受（懶散，享受無所事事）。他譴責的看來是哪一個？在你看來哪個則得到他的支持？

c. 想要與眾不同，這在根本上是否應該譴責的？在你看來，什麼是讓自己與眾不同最好的方法？請列一個表，舉三個你最欣賞的人為例，並自問你欣賞的理由有哪些，來回答這個問題。

練習8試答

a. 根據盧梭的看法，儘管人們對財富的欲望十分普遍，但這卻不是最主要的欲望。這個欲望掩蓋了另一個欲望：要與眾不同的欲望。因此對人而言，財富並非目的，而是讓人欣羨的手段。

b. 盧梭區分了奢侈豪華的享受（炫耀的花費）和閒散疏懶的享受（懶散，享受無所事事）：他指責前者，因為前者讓人註定為了很少的回報而要持續努力；他在文中並未指責後者。

練習9：詮釋影像 ▶見第一冊〈社會〉、第二冊〈自由〉、本冊〈他人〉

安迪・沃荷（Andy Warhol）隸屬於被稱為普普藝術的運動。該運動的目標是反藝術。普普藝術家會運用日常生活的物品做表現，來批判消費社會、激發驚訝之情，或是直接面對這些物品而誘發出帶有距離的批判。沃荷運用某種網版技術，將圖像印在畫布上，製造出一模一樣的印製影像。

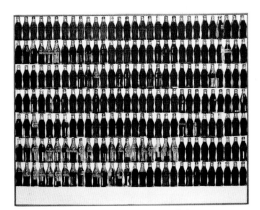

| 安迪・沃荷，《210罐可口可樂瓶》（*210 Coca-Cola Bottles*, 1962），壓克力和油畫（210×267 公分），版權為蘇黎世，湯瑪斯・安曼美術所有（Courtesy Thomas Ammann Fine Art）。

Q：這些排放整齊的許多可口可樂瓶讓你想到什麼？它們是否完全一樣？為什麼？

Q：藝術家運用可口可樂瓶是隨機選取的嗎？

Q：將一個流行的消費物品重複且大量呈現在一張巨大的畫布上，這是讓這個物件變得重要的方式嗎？

綜合整理

定義

欲望是對缺乏的意識，以及我們為了填補缺乏所付出的努力，而匱乏卻永遠不斷再生。

提問 **Q1：我們是否應該克制自己的欲望？**

癥結

過多的欲望將使我們嘗試著用理性去克制欲望。

答題方向

伊比鳩魯的享樂主義主張對欲望進行分類；斯多噶派的艾比克泰德要我們避免想要改變那些不取決於我們的事物。

引述

「快樂是幸福生活的起點與目的。」（伊比鳩魯，〈致梅內西的信〉）

「取決於我們的事物，就其本質本身，順從於我們自由的意志。」（艾比克泰德，《手札》）

提問 **Q2：我們能否否定自己的欲望？**

癥結

欲望似乎會抗拒著我們想要控制它的意志。

答題方向

克里克勒斯說：想要去為難欲望是違反自然的。這是種弱者的發明（柏拉圖）。

拉岡提醒我們，沒被滿足的欲望不會被遺忘。

引述

「輕鬆悠閒、隨心無礙、任意自在，只要是有利的，便能造就德性與幸福。」（柏拉圖，《高爾吉亞》）

「人們唯一有罪的，就是讓出了自己的欲望。」（拉岡，《研討課》）

Q3：欲望真正的本質為何？

癥結

不要忽略欲望的正面動能。

答題
方向

盧梭堅持在欲望中所帶來的快樂，甚過於獲得欲望的
滿足。
史賓諾莎說明在我們獲得財富時，欲望如何作為評價與
享受的根源。

引述

「對任何事物都沒有欲望的人是多麼不幸啊！［…］人從已
獲得的事物所感到的快樂，少於人所期盼的事物，而人
只有在達到幸福之前才感到幸福。」（盧梭，《新艾洛伊斯》）

「我們並不是因為判斷某事物是善的才欲望它，而是相
反，我們稱某物為善的，是因為它是我們所欲望的。」
（史賓諾莎，《倫理學》）

論文寫作練習：請針對下述主題擬定詳細的論述綱要

■ 「我們能否有所欲求卻不受苦？」（經濟社會組，2008）

■ 「欲望能否滿足於現實？」（科學組，2007）

■ 「我們是否只欲求我們認為是好的事物嗎？」（經濟社會組，
2002）

6 | 存在與時間

Q1. 我們真的知道時間是什麼嗎？
Q2. 存在是否就是承受時間的影響？
Q3. 存在需要理由嗎？

▶見第四冊〈宗教〉、第五冊〈理性與真實哲學導論〉、〈真理〉

感到自身存在

| 弗朗西斯科・哥雅（Francisco de Goya），《農神噬子》（*Saturne devorant un de ses enfants*），1823年，混合材質（143.5×81.4 公分），收藏於馬德里普拉多博物館。

巴黎正下著雪。佐治・桑普杭（Jorge Semprun）在剎那間陷入了過去，回想起他曾被送往的集中營。他要怎麼形容自己還活著的感覺？他真的從集中營的監禁中歸來了嗎？這是種奇異的體驗：不知道自己為何沒死，卻真真實實地並未死去。

我回來了，我還活著 [⋯] 悲傷揪著我的心，一種無聲又令人心碎的不適之感。這並不是罪惡感，完全不是。我從不明白為何人活下來就得感到罪惡。此外，我並未真的活了下來。我不確定自己是一個真正的生還者。

我從死亡中走了過來，死亡是我生命中的一段經驗。在某些語言中有足以表達這種體驗的字眼。在德文裡，他們稱這個是一樁經歷（Erlebnis）。在西班牙文裡，則是一樁閱歷（vivencia）。但法文沒有字眼，能用一個字掌握生命對自身之體驗。只能用一些迂迴的表達方式。或是因此使用比較接近的詞：「活過」（vécu）。這個詞並不無爭議，這是個平淡又無力的字眼。首先最重要的是，法文的「活過」一詞是被動式的，指的是被體驗過的生命。再者，這詞指向過去。但生命的體驗，即生命對自己的體驗，對還在活著的自身的體驗，是主動的。而這當然發生在當下。這表示：生命從過去吸收養分，以便將自身投射於未來。

佐治・桑普杭，《書寫或是生命》，1994。「Folio」文庫，Gallimard，2009，183-184頁

一般看法	思考之後
時間自然地流逝	**時間的切割是種迷思**
對我們而言，過去、現在與未來顯然是彼此有別的。回憶似乎屬於過去，而計畫則屬於未來。時間一去不復返，似乎證明了存在不過是由生到死的過渡，由對死的恐懼所標示。人類命中注定要為時間的流逝所苦，因此他必須掌握時間，以免在失去它同時又忘了自己終有一死。	但是，根據佐治・桑普杭的看法，法文的「活過」在文法上兼具「被動」和「過去」，無法很好地轉譯存在的體驗。他質疑這樣的類比，也就是把生命比擬為一條線，分割為由生到死之間的各個時期。首先，生命存在於當下，並且是主動的。再者，當下無法輕易地與過去和未來區分，因為當下朝向過去與面對未來。

我們知道生命的滋味和它帶給人的怪異感覺，這是存在的構成要素之一。但要存在，意即體認到自己正活著，那活著本身是否就已足夠？

從定義尋找問題意識

定義

> 存在（existence）就是就其所是真正地「在」（être）[1]。度量與影響存在的就是時間。

真正地存在著

對事物存在的體驗並感受到自身並非想像，也非單純的思想體驗。例如：能夠存在，即能自力維生。我們並非如此簡單地存在著而已，而是在某些具體條件底下存在著。因此，存在對立於本質（指的是可能存在的事物），本質包含的是某物的特質，而非其實在；是其存在的性質，而非其存在的事實。例如：談論神的本質，是一個無限存有的概念，而不考慮神是否在現實上存在。人類的存在是由其真實與特殊的選擇所造就的，而非就所有人的本質（或是天性）所形成的某種定義、或是由其單純生物學上的生命所推論而來。這就是沙特在這句格言中所說的：「存在先於本質」。

度量與影響存在

時間度量（意即計算）並影響（意即改變或是干擾）存在：時間越是流逝、存在者的改變就越多。時間可以被算出來，是就時間並非永無止盡來看。時間也給予存在某種節奏。但我們對時間效應的認識多於時間本身。存在受到時間這個條件所限制，而本質卻是永恆的。例如：美的本質的概念不會隨著時間而改變，但一個人實際上的美卻會受時間所損害。然而我們所僅有的時間知識，關係到我們如何意識到時間對存在所產生的效果：如果沒有擁有記憶的存在者，時間的流逝就不會被發現。

定義提出什麼問題？

這個定義讓人思考：存在的時間是透過客觀的時間性來計算、分割並度量的。但我們並不知道時間本身的存在，或時間是否只存在於能夠記憶與預測的主體意識之中。▶ Q1：我們真的知道時間是什麼嗎？

這個定義顯現出，相對於某個絕對不變的存在的永恆性，現實的存在是相對而有限的。人類的存在是個問題，由於主體的存在遭遇到他周圍的世界。主體從世界跳出（拉丁文 ex-sistere），來到這個世界。但主體不是個單純的活著的東西，只會對環境做出回應，他也會出於自身而行動。人類的主體是否掌握了存在，或是由存在所掌握？▶ Q2：存在是否就是承受時間的影響？

Q1：我們真的知道時間是什麼嗎？

時間存在嗎？抑或時間只是流逝的一切？我們確實體驗到時間的流逝，無法留住。時間的效應是確實可感的。例如：皺紋出現，果實成熟後漸漸腐爛。時間可被描述成某種循環（就自然而言），或是某種吞噬。例如：噬子中的農神（▶142頁）。我們會說到長時間或是短時間，但我們真的認識時間是什麼嗎？

1. 時間不在別處，只存在於我們的精神之中

表面上來看，年、分與秒，具體化了時間的存在。但我們若因此認為時間存在於我們的精神之外，那就錯了。無論如何，我們的精神若是對當下這一刻毫不注意，那不論是過去、還是未來，都不會存在。例如：我吐出「當下」這個字時，已經是過去了。

就連當下也只存在於精神的注意當中，精神透過回憶與期待留住當下。過去－現在－未來的區分，並不是客觀的（▶文本閱讀 1-1，147頁）。為了調和我們對時間直接的理解，並證明時間不可能存在，奧古斯丁提出了一個解決方法：時間有賴於我們的精神。

2. 我們並非真的「在」時間「裡」

鐘錶、行事曆和沙漏等賦予了時間形體，在空間中將時間描繪出來。康德（▶文本閱讀 1-2，148頁）將時間呈現為某種內在的心智框架，給予我們內在的印象某種結構，並（按照在先或是在後）安置這些印象。因此，時間的前進就可簡單地類比為（依據遠、近）一種將外在印象結構化的空間。

然而，要對「純粹的」時間綿延有確切概念，我們就得全神貫注在我們的內在生命（▶文本閱讀 1-3，149頁）。柏格森以直覺取代理智，試圖以更為質性而非量化的方式來描述時間。他想說明，例如，記憶的鮮活性。例如：普魯斯特在《追憶似水年華》中，敘事者在將瑪德蓮蛋糕浸入茶水的一瞬間，回想起她的孩子。

某些特定的隱喻能幫助我們看見時間之流，既延續，又隨著增長而變化。例如：一條絲帶伸展開來，並隨著伸展而改變顏色。想像時間不是一部隨著膠捲轉動而投影在螢幕上的影片，而是隨著我們的凝視而不斷創生的影片。柏格森展示了時間的光譜或是彈性。如此一來，時間的綿延就是每個人在每個剎那無止盡的創造。一個人「沉入」過去，這些剎那就有別於消失的當下，而以不同的方式得到闡釋。

關鍵字區分

主觀的（subjectif）／客觀的（objetif）

時間的效應是客觀的、真實的，並且在空間中可測量的。相反地，時間或短或急的流動則是主觀地（也就是透過意識）感覺到的。

| | 審定注：「être」在文法上為繫詞，無法在中文找到應字，它同時可以指「是」和「在」：一個東西之所是則涉及「本質」一個東西之所在則涉及「存在」。因此「être」同時包含了「本質」（一個東西之所是）與存在。另一方面西方哲學受到神學的影響，會將大寫的「Être」當作上帝的存在、造物主；小寫的être當作一般的存在、受造物。而有如海德格將大寫「Sein (Être)」當作存在整體或存在本身，以有別於做為造物者的存在。在台灣學界習慣將「être」翻譯為「存有」、「existence」翻譯為存在；中國學界則將「être」翻譯為「存在」、「existence」翻譯為「生存」。至於「essence」在中文學界則都翻譯為「本質」。由於être的指涉大多關係到existence，我們翻譯為存在，而不特別區分，在上下文脈絡中會作為動詞使用時，涉及到時間時，會翻譯為（過去）「已是」、（現在）「所是」、（未來）「將是」等。

Q2：存在是否就是承受時間的影響？

時間界定了存在的事物。意即時間同時限制並決定了事物。所有降生的存在都可能將不再存在。而所有存在，在其偶然的誕生之後，都得面對將有一死的必然性。然而，儘管我們無法選擇存在，即生、老與終有一死，但時間豈不也弔詭地成為我們自由最好的證據嗎？

1. 存在太過短促，如果我們不注意時間

存在是短促的，這並不表示存在就沒有價值，也不因此就該讓行動癱瘓。活著的藝術意味著要善用時間。在古希臘時期，休閒（拉丁文 *otium*）的意義遠高於工作。休閒給人時間去反思、淨化靈魂、檢視衡量自身存在。因此，我們可以按照自己的時間慢慢來，就算在時間緊迫的時刻，重要的還是照顧自己和自己的靈魂。

伊比鳩魯派的哲人建議我們，要善用當下（*carpe diem*，拉丁文「把握今日」），不要害怕死亡。斯多噶派哲人，像是馬可·奧里略，則主張要接受死亡與命運，不要浪費時間。就像一齣作者已經限定時間長度的劇碼，我們接受了某個不由我們所選擇的存在（某個角色）。但我們可以選擇的，是扮演好我們的角色，不論那個角色是什麼（▶文本閱讀2-1，頁150）。馬可·奧里略的解釋是，讓我們的存在有價值的，並不是存在時間的長短，而是我們將每一天當作最後一天所投入於其中的關注。

2. 我們搞錯什麼是時間了

我們都忽略了時間的流逝與緊迫。時間對我們來說是算得出來的，我們必須提醒自己：我們是有限的，不要分散精力。但要思想死亡又要在生命考驗中保持堅定，這太痛苦了。

「一天的難處一天擔當就夠了。」〈福音書〉如是說；「虛空的虛空，凡事都是虛空。」〈傳道書〉如是說。這兩句聖經經文告訴我們當下的價值。當下有某種益處，為明日憂慮是無益的。當下同樣也有令人悲傷之處，因為我們無法留住它，就像是從我們所打造或是我們所愛或所獲得的一切，什麼也沒留下。

巴斯卡提到某種失敗，即無能使當下變得有益並使之成為預備死亡的機會（▶文本閱讀2-2，151頁）。巴斯卡寫道：「我們從未活過，但我們盼望活著。」例如：我們數算著日子，直到在假期來臨之前，或是因而希望這美好的時刻可以永遠延續下去，但在算著日子的這段期間，我們卻任由時間流逝。

然而，根據尼采的看法（▶文本閱讀2-3，151頁），要熱愛生命，我們就不應該根據死亡、或想說死後還有一生命，來評估現在的生命。要投入生命，要像是生命應該不會止息，而展示出某種對生命

關鍵字區分

必然的（nécessaire）／偶然的（contingent）／可能的（possible）

必然者，無法不存在，因而本質上便包含著存在的事物。例如：有生者，按照定義，必有一死。偶然者，是可以不存在的事物：雖然存在但卻是偶然的，因為它可以不被生出；他是偶然的，因為他被生在某個地方，但一旦他有了生命，就不能不死。存在向可能之事物開放。

> **「未經審視的人生，不值得活。」**（蘇格拉底，《申辯篇》）

無邊的熱愛，因為我們是在害怕生命時才思及死亡。

3. 終將一死並不能妨礙我們的自由

如果我們不能從某種本質的必然性或是統計上的預言去推斷我們的存在，那是因為我們是自由的。人類的存在終究更受未來而非在當下得到闡發。偶然性讓我們從某種新的角度發現自己存在：它是自由的，由我們可能做出的決定所塑造。

對沙特而言，沒有什麼能限制我的自由，就連死亡也不行，因為我的存在只是由我可能做出的決定所構成；死亡不構成存在的一部分。「我們命中注定要自由」。（▶文本閱讀2-4，152頁）。

在《存在與時間》裡，海德格走得更遠：死亡是我們無法料想的，因為它在任何方面都無法和我們所預備的事物相比，因此死亡證明了我們的自由。我們真實的死亡是我們自己的，並且無可預見。這是我們最後的行動，顯示了我們最根本的獨特性。死亡是自己的死亡的這個事實，為活出自己生命提供了基礎。我到死都是個自由且不同於他者的主體，沒有人能代替我活。他者的死亡並不能給我任何死亡的方法。我確實是自由的，因為我本來就有一死，我也不只是將有一死。

關鍵字區分

偶然的（contigent）／可能的（possible）／必然的（nécessaire）

我們將會停止存在，而我們死去的時刻並未「排定」，這是偶然的事實，有賴於機遇。因而，我們的存在充滿了各種可能，各種方案。死亡是必然的，因為死亡無法不存在，但對我們而言，死亡不過是種可能性，因為我們不知道它何時會出現。

「生命是滿紙荒唐，充滿喧鬧與瘋狂，由一個無足輕重的蠢蛋所述說。」（莎士比亞，《馬克白》）

Q1：我們真的知道時間是什麼嗎？

說時間「飛逝」或是我們會「失去」時間，暗示了時間是外於我們的客體，我們感覺到它相對於環境是漫長或短促的。下述文本質問時間的存在本身。

哲人看法

TEXTES

時間是對於變化的意識 ────── **文本閱讀 1-1**

奧古斯丁

奧古斯丁 Augustin
352-430

　　沒有什麼比時間的存在看來更為不證自明的。時間甚至顯得像是客觀的，而且可量化呈現在時間軸或是時鐘上。但過去的一瞬無法是漫長或者短促的，因為它已不再存在。我們有的只是某種對於時間直觀的認識。

關鍵字區分

直觀的（intuitif）／描述的（discursif）

對時間的認識是直觀的（視覺在連續變化中的一瞬間），而非描述的（可分成各階段的、推論式的說明）。

　　時間實際上是什麼？誰能輕鬆而簡要地予以說明？誰又能思考而理解時間，並用一個字來表達關於它的理解？然而，在我們的交談裡經常提及的，還有什麼比時間更熟悉、更清楚的呢？當我們說到時間的時候，我們明白所指為何；當聽到別人提及時間時，我們也明白什麼意思。如此一來，什麼是時間？若無人問我，我肯定知道時間是什麼；但若有人提問要我解釋時，我卻無所知。然而，我敢放膽肯定，我知道，如果什麼也不曾發生，那就不會有任何已流逝的時光；如果什麼都不將發生，就不會有時間未來；如果什麼都不存在此刻，就不會有現在。

　　但這兩種時間，過去與未來，既然過去已不存在，而未來尚未到來，那它們是什麼？就連現在，如果它一直留在此刻，而不會流逝成為過去，那它其實不是時間，而是永恆。因此，如果現在是一種時間，它的存在將注定消逝為過去，那我們如何說過去是存在的，既然過去注定不復存在？所以，我們無法真的說出時間的存在，因為它趨向於不存在。

奧古斯丁，《懺悔錄》，根據原文校譯。

理解命題的論證——文本閱讀 1-1

命題：時間並非某種自存的事物，而是意味著我們的精神活動（例如記憶、對當下的關注，以及預期）。

論證一：奧古斯丁考慮了亞里斯多德的定義：時間是變化（或運動）的「數量」（或度量）。當我們測量兩個狀態之間的變化時，我們就涉及到時間。我們測量時間的效果，意即變化，也就是說不存在卻變成了存在的事物。

論證二：因此測量變化並不證明時間存在，因為時間有消逝的特色。「時間的存在，是因為它趨向於不復存在。」

論證三：時間是否存在這不可解的問題，只有在我們求助於記憶和預期，作為變化中的某種連續，才能得到解決，我們如此才了解到時間，卻無法解釋它。

確實理解了嗎？本文足以論證我們可以同時認為時間存在又不存在，理由是什麼？

文本閱讀 1-2

康德

依曼努爾・康德 Emmanuel Kant
1724-1804

我們有的只是時間表象的形式

康德否定了「我們對時間的意識來自於我們對於變化的體驗」的觀念。時間是我們精神裡的一種先天的框架，界定了我們在變化中的連續性。

時間不是別的，而只是內在感官的形式，亦即直觀[1]我們自己與我們內在狀態的形式。因為時間不可能是外在現象[2]的規定（determination）：它既不屬於形體，也不屬於位置等等；反之，它規定了我們內在狀態中各種表象的關係。而正因為這種內在直觀並不提供任何形體，我們才試圖透過類比來彌補此一缺憾[3]：我們將時間序列設想為一條無限延長的線。在這條線中，雜多構成了一個只具有單一向度[4]的系列。我們從這條線的各類屬性推衍出時間的一切屬性。唯一的例外為，即前者（直線）的各個部分是同時存在的，而後者（時間）的各個部份始終是前後相繼的。

康德，《純粹理性批判》，AA III，Seite 059-060，根據原文校譯。

關鍵字區分

形式的（formel）／質料的（matériel）

時間是先天的內在感覺（某種先天形式），連結我們各個不同的意識狀態。而所謂質料的事物，例如形體，則屬於外在性（空間）。

1｜直觀（Intuition），一種天生的感官。

2｜時間並非我們感知的結果。

3｜空間是（先天形式的）感知能力，用來組織外在現象（例如：高／低）。時間則用來組織內在現象（例如：回憶、計畫）的感知能力。

4｜過去、現在與未來無法同時存在，只能接續出現。

Q：本文中的哪一段拒斥了我們對時間能有客觀認識的可能？

Q：為何要強調用「一條無限延長的線」來呈現時間不會得出對時間的確切意識？

時間的空間表象會騙人

文本閱讀 1-3

柏格森

昂希・柏格森 Henri Bergson
1859-1941

在《思想與運動》中，柏格森提出一種新的理解：「綿延」（durée）[1] 的形象。這段節錄解釋了為何時間的「切割」能給出有效的參照點，卻無法讓人看見時間（在此稱為「綿延」）是種持存的受造物。

｜｜審定注：一般將「durée」翻譯為「綿延」，法文中指的是一段時間的持續。

當我們的自我順其自然地活著，當我們克制自己不建立某種當前狀態與先前狀態之間的分離時，完全純粹時間的綿延，是我們的意識狀態之接續所採取的形式。

為此，並不需要全神貫注於流逝的感覺或觀念，因為，如此一來，它反而不再綿延了。同樣地，也不需要忘記先前的狀態：只要回想起這些狀態就夠了，而非將它們和當前的狀態並置，像是一個點到另一個點一樣，只要以當前狀態來組織先前的狀態，像是它們因為我們的回想而到來，總地來講就像是音符融入旋律。[…]因此，我們可以設想一個無間斷的序列，以及像是某種相互之間的穿插，某種連帶，某種諸要素內在的組織，每個要素都代表了整體，除非對於某種具有抽象化能力的思想，這些要素並不彼此區別或是各自隔離。這或許是將綿延構想為既同一又變化的存在，但它卻沒有任何空間的概念。但我們熟悉空間的概念，甚至是受到這概念的糾纏，於是在不知不覺中將空間帶入我們對純粹延續的構想中。我們以同時感知的方式，將我們的意識狀態並置，而非一個在另一個之中，而是一個在另一個旁邊。簡言之，我們將時間投射到空間裡面，我們用廣延（étendue）來表現綿延（durée），於是對我們而言，接續就採取了一條延續的線或是一條鍊子的形式，在這形式裡面的各部分相互接觸卻不相互穿插。

柏格森，《論意識的直接材料》，1889，PUF，1997，74頁。

關鍵字區分

抽象的（abstrait）／具體的（concret）

抽象的：意指將我們意識狀態的連續流動分解為許多小單元（瞬間）。相反地，在我們意識的具體狀態中，則是過去、現在與未來的連帶，在變化中構成了我們的一體性。

Q：為何康德所主張的在時間（接續）與直線（同時性）之間的類比，對於將時間認識為「純粹的綿延」會造成困難？

Q：為何柏格森所用旋律的例子比直線的例子更好？

從文本到論證──文本閱讀 1-1、1-2、1-3

請透過對這三篇文本的閱讀，以及你個人的反思，說明下述三個主張：

──時間是外在的現象。

──時間是外在現象的主觀再現。

──我們可以測量時間的效果，卻無法測量時間本身。

Q2：存在是否就是承受時間的影響？

反思我們是如何來到這個世界的，會讓我們意識到存在的脆弱與短暫。但每個人透過善用當下、望向死亡，還是能決定自己的存在。

文本閱讀 2-1

奧里略

馬可·奧里略 Marc Aurèle
121-180

我們的生命全在於當下

根據斯多噶學派，也是馬可·奧里略皇帝所屬的學派，我們的人生並不是送給我們的，而是借給我們的。

假設你能活到三千歲，甚至再多活好幾倍到一萬年，但你還是要記得，任何人都只活他自己一生，沒有其他人會因此失去自己的生活，而任何人的一生一旦失去，便就失去了，再沒有其他人能為他活。如此一來，最長壽與最短壽的終歸一樣，因為當下對所有人而言都是相同的，儘管敗壞的東西有所不同。但此刻所失去的，只是一時的。人既無法失去過去，也無法失去未來：因為人當下無法擁有的，哪有任何人能加以剝奪？

因此，有兩件事你一定要記得：第一，所有永恆事物都有相似的形式，並且周而復始，所以無論人在一百年或兩百年內、抑或在無限的時間中，我們所看到的這些事物都沒有什麼差別；第二，活得最久的人，跟最短命的人，他們失去的都是一樣。因為我們所能失去的，只有當下，如果人的確只擁有當下，那麼人對自己並不擁有之物，也就不會失去它。

馬可·奧里略，《沉思錄》，根據原文校譯。

|《芬妮與亞歷山大》(*Fanny et Alexandre*)，1982年，英格瑪·柏格曼 (Ingmar Bergman) 導演。

Q：我們為何夢想成為另一個存在？

Q：根據奧古斯丁的文本（▶文本閱讀1-1）和伯格森的文本（▶文本閱讀1-3），我們是否應該反過來把過去、未來與現在連結起來？

我們未曾活過，但我們想要活著

文本閱讀2-2

巴斯卡

布萊茲・巴斯卡 Blaise Pascal
1623-1662

人類盡其可能地遺忘自己沒有多少時間可活的事實。我們躲在過去的追悔與未來的盼望中。

我們從來都不把握當下[1]。我們預測未來時，彷彿未來還要很久才會到來，彷彿要加快未來到來的進程；或是回想過去，想留下它，彷彿它走得太急。如此輕率的我們，在不屬於我們的時間當中遊蕩，卻完全不考慮唯一屬於我們的事物。我們如此徒勞地想著那些已然不再存在，卻不經反思就逃避[2]唯一存在的當下。因為當下通常會傷害我們。我們不去看它，因為它讓我們感到痛苦；而如果當下讓我們感到舒服，我們就會後悔自己眼睜睜地任由它跑走了。我們努力要用未來支持當下，想要安排還不在我們能力所及之內的事物，為了一個沒有保證會到來的時間。

只要每個人都好好檢視自己的思想，他們會發現自己的思想完全被過去與未來所占據。我們幾乎完全不思及當下；如果我們想到當下，也不過是為了藉此安排未來。當下永遠不會成為我們的目標：過去與現在是我們的工具；只有未來才是我們的目的。如此一來我們就根本沒有活過，但我們又希望能夠活著；而我們的安排總是為了以後的幸福，那無可避免的就是，我們永遠無法幸福。

巴斯卡，《沉思錄》，172，「GF」文庫，Flammarion，96頁。

1 | 伊比鳩魯學派的教導是 carpe diem，意即「把握今日」。巴斯卡和基督教楊森派的思想一樣，堅信是神的恩典給了我們生命，在神恩中我們等待審判，期待或許獲得永恆生命的恩寵。

2 | 任由自己逃避。

> 「**你要做的，是正確地扮演交託給你的角色；至於選擇角色，那是另一個人的事**」
> （艾比克泰德，《手札》）

Q：為何當下是唯一真正「屬於」我們的時間？
Q：若是每天想著自己未必能活過明天，我們是否受得了？

彷彿我們永遠不會死那般熱愛生活

文本閱讀2-3

尼采

費德利希・尼采 Friedrich Nietzsche
1844-1900

尼采從生命的角度與對死亡的拒斥來討論存在。存在如生命一般，源自於忽視死亡的單一運動。

這就像一般流浪之船起航前的最後時刻：人們彼此之間比任何時候都有更多的話要說，而時間緊迫，海洋以及它荒涼的緘默在所有這些喧囂背後不耐地等待著[1]——對於它的獵物，它是如此饑渴、如此有把握。而所有人，所有人都認為迄今的一切是虛無或輕微，那個將至的未來才是一切，所以才有這樣的匆促、叫喊、自我麻醉、自我欺騙！每個人都想成為第一個踏進這個未來的人，——然而，死亡與死亡的寂靜是這個未來唯一確定的東西，也是所有人的共同之處！

1 | 死亡經常被表現為海洋的形象，而生命經常被表現為旅程。

「生命是抵抗死亡的作用的總和。」（彼夏，《對生與死的心理學研究》）

但是，這是多麼奇怪，這個唯一的確定性與共同性對於人幾乎沒有作用，並且人們盡可能不去感受自己作為死亡的親近者！看到人們完全不願意去思考關於死亡的想法，這讓我高興不已！我願意做些什麼，使得他們明白，去思考對於生命的想法[比去思考對於死亡的想法]有著百倍的價值。

尼采，《快樂的科學》第四書，278節，根據原文校譯。

> 請用文本閱讀3-4來說明此一文本，並解釋作者如何達到熱愛生命與讓人對生命熱愛。

文本閱讀 2-4

沙特

尚－保羅・沙特 Jean-Paul Sartre
1905-1980

終有一死並不能限制自由

死亡可被感知為存在的最後一步，選擇的自由歸於虛無。沙特認為這是錯的。

1 | 沙特與海德格相反，海德格將我的死亡描繪成最私人也最純粹的可能性，是我們可以思考的對象。

如此一來，[死亡]便糾纏著我心上所有的籌畫，像是它們無可避免的反面。但確切而言，既然此一「反面」不是要被當成我的可能性[1]擔負起來，而是要被當成對我而言不再有可能性的可能性給擔負起來，那它就傷害不了我。作為我的自由的自由完全且無限地繼續存在著：並不是死亡不限制它，而是自由永遠遇不到這個限制，死亡完全不是我籌謀的障礙，它只是這些籌畫之外的一個命運罷了。我並非是「為了死而自由」，而是我是個自由的必死之人。死亡在我的計畫之外，因為那是無法實現的計畫，我在我的計畫中讓自己避開了死亡。[…]因此我們既無法思考死亡，也無法期待死亡，更無法為抵抗它而武裝自己。但作為計畫，我們的計畫也獨立於死亡之外。

尚－保羅・沙特，《存在與虛無》，1943，「Tel」文庫，Gallimard，605-606頁。

「人一旦誕生，便已老得足以死去。」（海德格，《存在與時間》）

理解命題的論證——文本閱讀2-4

命題： 我無法選擇不死，但我整個存在是由我全然自由的選擇而繼續存在著。

論證： 我們可以認為對死亡的恐懼會壓在存在的選擇之上。但死亡並非我的選擇，因此它無法介入我的任何選擇。相反地，對海德格而言，只有我對自己的死亡的意識，才是我的自由的基礎。

確實理解了嗎？ 作為「自由的必死之人」意思是人類是相對自由的，還是絕對自由的？

從文本到論證——文本閱讀2-1、2-2、2-3、2-4

根據上述文本，反思下述問題：學習活著，是否已經太晚？

—— 從文本閱讀2-2和2-3當中找出一些因素，說明為何我們太晚開始學習活著。

—— 從文本閱讀2-1和2-4當中找出一些因素，說明要學習如何活著需要的只是活著。

—— 從四篇文本中找出一些因素，說明我們在任何時刻都可以選擇自己的生活。

進階問題思考

PASSERELLE

Q3：存在需要理由嗎？

▶見第四冊〈宗教〉、第五冊〈理性與真實哲學導論〉、〈真理〉

我們會用「真實的生命」的說法，並區分存在與被發明的事物。但說生命是真實的，並不等於說我們不認識其目的或是基礎。

| 馬克・夏卡爾（Marc Chagall），《聖保羅天空下的情人》（*Les amants dans le ciel de Saint-Paul-de-Vence*），1970，私人收藏。

1. 存在的理由是否在於上帝？

對笛卡兒而言，神賦予我的存在某種理由，但對史賓諾莎而言，存在的理由僅在於自然（▶文本閱讀3-1，154頁與文本閱讀3-3，156頁）。我們是否可以從存在的基礎來證明存在？根據笛卡兒的看法（▶文本閱讀3-1，154頁），神既然是無限的，祂就必然存在。相反地，根據康德的看法，存在無法從一個理念或是本質推演得來（▶文本閱讀3-2，155頁）。

2. 沒有理由的存在是否值得繼續活？

是的，如果像尼采一樣（▶文本閱讀3-4，157頁），我們對我們的生命有足夠的熱愛，就無需想像死後的另一個生命。是的，如果我們像鮑希斯・維昂（Boris Vian）所提醒的那樣，把生命中的每一刻當成最後一刻來品味。（▶文本閱讀3-5，158頁）

文本閱讀3-1

笛卡兒

荷內・笛卡兒
René Descartes
1596-1650

上帝必然存在

如果沒有上帝作為擔保的話，無論我們想什麼或是感受到什麼，都不會是完全確定的。既然我們會想到上帝，這就證明了祂存在。

單就這點，我們必然得作出如下結論，即我存在，且一個完美的至高存有的觀念（亦即上帝）就在我之內，這已極為清楚地表明了上帝的存在。剩下來有待檢驗的只是我是透過什麼方式獲得這個觀念的。因為我並非透過感官接收到這個觀念，而這個觀念也未曾不經我

的期待而向我顯現，就像事物呈現或似乎呈現於我的外在感覺器官的時候，可感知的觀念便是如此形成的。這個觀念也不純然是我的精神的產物或是虛構；因為我沒有能力在我的精神之中（對它）減少或增添任何事物。因此剩下的，就像自我的觀念一樣，只能說這個觀念是在我被創造的時候就與我一起產生了。而若神在創造我的時候，在我裡面放進了這個觀念，作為印在他的作品之上的印記，我們肯定不應認為這有什麼奇怪的。

笛卡兒，《形而上學的沉思》，Med. in AT, VII, 51；IX, 40，根據原文校譯。

> **理解命題的論證──文本閱讀 3-1**
>
> **命題**：在證明了我思故我在之後，笛卡兒證明上帝存在，因為我無法創造出上帝：既然上帝是無限的，祂就不可能是從我有限的精神中得出的結果。
>
> **論證一**：上帝的概念並非透過經驗得出，這概念並非外在事物對我的精神所施加的影響（例如當我撞到東西時，產生了硬度的概念）。
>
> **論證二**：上帝的概念也不純然是我精神的創造（虛構），因為當我思考某個不存在的人時，或是思考某種想像的事物時（如有翅膀的馬），這不該與（不確定的）無邊相互混淆，或是把無限的概念單純地當成是有限的反面（因為笛卡兒明確指出無限的概念，也就是上帝的定義）。然而，就所有其他我所想像的事物而言，我只要聚集形象即可（例如把馬加上翅膀）。但無限的上帝並不是單純將有限的事物相加，也不是有限的相反。

「*所有對於（生命）其外、其彼方、其上的渴望，都讓我們問到，是不是疾病在啟發哲學家。*」（尼采，《快樂的科學》）

關鍵字區分

原則（principe）／後果（conséquence）

上帝是種原則，意思是祂是我對上帝的概念的起因，而祂產生出上帝的概念，這概念是後果。

就算上帝是無限的也無法證明其存在

文本閱讀 3-2

康德

依曼努爾‧康德 Emmanuel Kant
1724-1804

笛卡兒在〈第五沉思〉中明確指出：「想像一個不存在的上帝（亦即一個不至高完美的至高完美存在者），並不屬於我的自由，像我自由地想像一匹沒有翅膀或有翅膀的馬一樣。」康德全力反對這道證明。理念無法推導出存在，也無法為存在增添任何事物。

現實之物所包含的不會比純粹可能之物更多。一百個現實的塔勒[1] 所包含的絲毫不會多於一百個可能的塔勒。因為後者（一百個可能的塔勒）在這裡意味著概念，而前者（一百個現實的塔勒）意味著對象和自身的定位。假如後者（一百個現實的塔勒）所包含的比前

| | 普魯士錢幣。

關鍵字區分

真實（réel）／理念（idéal）

某樣事物的概念（理念）並不能讓該物變成真實（具體實現）的。一個概念要能描繪真實，就預設了這個概念要在經驗中得到了驗證。

1 | 某物的特質，例如：蘇格拉底是會死之人。「會死」是蘇格拉底的謂語。
2 | 笛卡兒得自安瑟倫（十一世紀）的「由神的本質推演出神的存在」的論證。

關鍵字區分

分析（analyse）／綜合（syn-thèse）

分析是從上帝的概念得出其存在的可能性；但存在無法由單純的上帝的概念演繹得出，我們應得加上些什麼（在此概念之外加上某個要素作為綜合），此一要素是經驗的真實。

者（一百個可能的塔勒）更多，那麼，我的概念就未能將整個對象表達出來，因此，也就不是一個適合於該對象的概念。然而，在我的財務狀況中，一百個現實的塔勒比一百個單純概念的塔勒(亦即其可能性)有著更多的東西，原因就在於，對象的現實性不僅僅是分析地包含在我的概念之中，而是綜合地添加於我的概念（它是我的現況的一個規定）之上；而通過在我的概念之外的這個存在，絲毫沒有對我所設想的一百個塔勒本身有任何增加。因此，當我思維一物時，無論我通過什麼謂詞[1]和多少謂詞來思維它（即便是在完全的規定性中），單憑我加上「該物存在」，我並未對該物有任何絲毫更多的增加。[…]因此，企圖從存在的概念證明某個至高的存在，這個著名的笛卡兒學派的本體論論證[2]所做的一切努力和工作都是白費的。一個人想從單純的理念來豐富自己的見解，就如同一個商人為了改善境況，想在自己的手頭現金上加上幾個零，來增加自己的財產，都是不可能的。

康德，《純粹理性批判》，AA III, Seite 401-403，根據原文校譯。

Q：為何心靈顯現出一百塔勒（一百個可能存在的塔勒）並不能讓我更富有？

Q：為何上帝的無限不足以讓神存在？

文本閱讀3-3

史賓諾莎

巴魯赫·史賓諾莎 Baruch Spinoza
1632-1677

在存在的事件中尋求目的是種錯誤

史賓諾莎首先定義上帝或自然為絕對必要的秩序。他由此演繹得出：正是因為對此自然秩序的無知，讓我們想像一個為我們的存在確定目的的上帝。

例如，假設有顆石頭從屋頂掉到某人頭上，而殺了這人，那些（神學家與形上學家）會用以下方式說明石頭為何落下並殺死此人。如果石頭不是因為神的意志而為此目的掉落，那這麼多的事件（事實上經常是極大的巧合）又是如何能夠因緣巧合地發生呢？或許你會說：這件事之所以發生，是因為起了風，而那人正好走過那處。但他們會繼續堅持：風為什麼在這時候起呢？那人為何在同一刻走過那裡呢？[…]他們會如此繼續無止無休地質問事件的各種起因，直到你躲到上帝的意志底下，這個無知的避難所。

史賓諾莎，〈附錄〉，《倫理學》，C. Appuhn 譯本，「GF」文庫，Flammarion，1993，64-65頁。

Q：為何上帝的意志既無法解釋存在的事件，也無法解釋存在本身？

永恆，就是想要自己再活一次

文本閱讀 3-4

尼采

費德利希・尼采 Friedrich Nietzsche
1844-1900

如果我的生命得無限重複，那會如何？我是否有足夠的生命與欲望來經歷這無限地重新開始的生命？

最沉重的負擔。——假如在某一天或者某個夜裡，有個惡魔悄悄地潛入你最孤獨的孤獨中，對你說：你現在經歷以及曾經經歷的生活，以後必須再一次以及無限多次經歷它。你在其中不會有任何新的事物，而是每一個痛苦、每一個喜悅、每一個思想、每一聲嘆息，以及你生活中無法形容的大小事情，都必須一再地發生在你身上，並且所有的一切都在相同的排列與秩序下——就如同這隻蜘蛛和樹間灑下的這道月光，就如同此刻以及我自己。存在的永恆沙漏一再地被倒轉——而你就在當中，你這沙中的粉塵！——如此，你難道不會被打倒、咬牙切齒以及咒罵說這些話的魔鬼嗎？或者，你曾經歷一個無與倫比的時刻，在那時你將這樣回答他：「你是神，而且我從未聽過比這更神聖的話語！」當這個思想主導了你，它將改變這樣的你，並且或許會把你壓碎，「你願意這件事再一次並且無限次發生嗎？」這個問題是所有人在行動時最沉重的負擔！或者，你必須如何善待自己以及生活，才能在這個最終的、永恆的確認與保證之外，不再渴求任何其他事物？——

尼采，《快樂的科學》第四書，341節，根據原文校譯。

> 「人類逐漸變成一隻古怪的動物，比其他任何動物都更應滿足於某種生命狀態：人類應該時不時相信自己知道為什麼自己存在，他的物種若不定期擁有對生命的信心就無法繁衍！」（尼采，《快樂的科學》）

文本閱讀 3-5

維昂

鮑希斯．維昂 Boris Vian
1920-1959

活著的時間

　　逃獄者盡力要在被逮捕之前享受最後一刻，這樣的故事想表達如何善用當下的反思。

他從山丘上連滾帶爬下來
雙腳激起了石子的滾動
上方四牆之內
警鈴響起卻毫無喜悅

他吸著樹木的氣息
用他的身子，像打鐵鋪
光線伴著他
讓他的影子起舞

只要他們還給我時間
他跳著越過雜草
他摘下兩片泛黃的葉
一口飲盡汁液與太陽

不鏽鋼砲管噴出
空包彈的短促火光
只要他們還給我時間
他來到了水邊

他將臉浸入水中
他開懷地笑；喝了水
只要他們還給我時間
他起身縱躍

只要他們還給我時間
熱銅鍋上的蜜蜂
在對岸擊中了他
血和水混成一片

他曾有過時間可以看見
喝一口這溪水的時間
端水入口的時間
兩片一口飲盡太陽的葉

朝著殺手笑的時間
抵達河的對岸的時間
朝女人奔去的時間

他有過活著的時間

維昂，〈逃獄者〉，《正是活著的時間》，
維昂作詞，尚－保羅．蒙尼翁作曲，Majestic/Jacques Canetti 版。

> 「*死亡對我們毫無影響*。」*（伊比鳩魯）*

從文本到論證——文本閱讀 3-1、3-2、3-3、3-4、3-5

透過閱讀上述文本以及你個人的反思，請思考下述問題：
你是否認為相信某種絕對的存在對於活著而言是必要的？
　　—— 請先提出你在本章所有文本中找到的「支持」論證。
　　—— 請將你從文本中得到的「反對」加以分類，並為你的立場辯護。

藝　術

Q：我們可以描繪存在嗎？

陳箴，《搖籃》，聲音裝置，醫院病床、成人與兒童服飾、六組揚聲器、木材、金屬、塑膠管，1995年，收藏於巴黎－拉德芳斯的法國國立造型藝術中心。

作品——陳箴，《搖籃》，聲音裝置，1995

中國藝術家陳箴透過他的裝置藝術，激發我們對於時間、偶然性、死亡意識與回憶的反思。這座搖籃讓人同時想起庇護所、母親的腹中、巨大的繃帶，以及石棺。

作品的啟示

這座裝置藝術以其對比捉住了觀者的注意，並試圖留住原本會被拋棄的東西。它混合了與美術館不相稱、不合適的元素：各種破碎的布料、上下顛倒的醫院病床的床柱，以及傳統的搖籃。在人們觀看並想確定它是什麼時，這個作品在被觀看中確定自身。我們也可以聽作品的聲音：作品發出的聲響讓人想起從母胎中脫出的生命起點。

練習：時間的持續綿延是如何展現的？

1. 請觀察這個作品中所使用的物件。這些物件展示了所有維
生所需所消耗的東西。

   藝術家如何轉譯為時間的效應，但又是一件關於記憶與預
期的作品？

2. 請探索這位藝術家（在繩結與焊接中）去連結失去連結的
事物之關切為何？

   在你看來，這是否生動展現了柏格森所謂無法具體化的
「純粹的時間綿延」？為何這件裝置藝術給人感覺是人類生
命的脆弱？

3. 在你看來，我們能否給這件作品下述名稱？

   a. 「智慧並非對死亡的沉思，而是對生命的沉思」。（史賓
   諾莎）

   b. 「人一旦誕生，便已老得足以死去。」（海德格）

練習 1：掌握詞彙

區分下述詞彙

a. 本質－存在

b. 生命－存在

c. 存在者－存在

d. 計量時間－純粹的時間綿延

e. 超越－內在

練習 2：掌握詞彙 ▶見第五冊〈理性與真實哲學導論〉、〈真理〉

請查閱字典，為下述詞彙下定義

a. 表象

b. 虛無主義

c. 有限性

d. 本體論

練習 2 試答

a. 表象：指的是透過影像的認識；一個概念或是一種感覺的外在化；從意識而非依某物自身所是（如果直覺上它可以如此存在）的觀點來認識某物。

b. 虛無主義：出於無（nihil，拉丁文），對於存在與非存在的根本差異的批判；目標在於摧毀一切絕對價值（神、實質、感覺、彼岸），這些都是對存在的否定（根據尼采的看法）。

c. 有限性：指的是人無法超越的限制（相較於像世界或神這樣無限的偉大者）；人類之存在缺乏無限的基礎（神或是永恆）。

d. 本體論：指的是對存有的認識（並非指像某個事物一樣的特定存有）。上帝的本體論論證，透過其（無限的）存有這個唯一的定義來證明神的存在。我們無法設想任何比神更完美的事物，然而一個不存在的完美的存有就不是最完美的了，因此神存在。

練習3：概念區分

請為下述詞彙做出定義，並找出相互區隔的概念

a. 形上學（Métaphysique）

b. 永恆

c. 存在主義

d. 直觀

練習3試答

a. 形上學：存有的科學，對第一因（神）的思索，在「物理學」（physique，關於自然的科學）之後或之上的科學。形上學與物理學相區隔。

b. 永恆：不可與無限的時間綿延相混淆。永恆無始無終，不受時間所圍，是不變的、必然的、本質的存有模式。永恆與時間相區隔。

c. 存在主義：從存在而非本質出發來解釋世界，肯認生命經驗與偶然性為唯一價值。存在主義由此衍伸出不訴諸神或是真理來選擇自己的生命的必要性。存在主義與本質主義相區隔。

d. 直觀：視覺、直接的認知，或是心理上的視見：對康德而言，因為直觀並不依賴於透過經驗所獲得的印象，因此直觀是接收或是整理各種感覺的能力，以感性先驗形式的時間與空間作為例子。對柏格森而言，直觀是一種認識的模式，透過與認識對象的連結，完整掌握對象（例如純粹的時間綿延），比區分主、客的理智所掌握得更好。直觀是一種認識形式，與邏輯推演或是概念相區隔。

練習4：辨別文本的命題

　　人們說時間過去或是流逝。人們說時間的運動。我看到所流過的水，早在山上冰雪融化時，已經醞釀了好幾天，現在到了我眼前，在此刻，它流向所注入的大海。如果時間像是一條河流，從過去流向當下與未來。當下是過去的結果，而未來是當下的結果。這著名的隱喻實際上非常含混。因為，考慮到事物本身，雪的融化及其產生結果並非不斷接續的事件，反而毋寧是事件的概念本身在客觀世界中沒有可容身之處。當我說前天冰雪產了流到當下的水，我的言下之意有一個被固定在世界上某個特定地點的證人，然後我比較著他一連串接續的觀點。[…]但當我思及這個世界本身，它只有一個不可分割、不會改變的存在。改變預設了某種特定的位置，從而看著事物接續前行；

任何事件是發生在某個人身上的事件，而他們的個體性就建立在對事件的有限觀點上。時間預設了某種對時間的觀點。[⋯]

因此，時間並非某種真實的過程、不是讓我僅是記下來的一種實際的接續。時間誕生於我與事物之間的關係。就算在事物本身當中，未來與過去都是在某種事先的存在當中以及在某種永恆的持續存在當中；明天將流過的水在此刻還在它的源頭，剛流過的水在此刻已在河谷更深之處。過去與未來對我而言是存在於世界中的當下中。

梅洛－龐蒂，《知覺現象學》，Gallimard，1945，472頁。

練習解釋文本：請研究本文的命題與問題，注意在主觀與客觀時間之間的區別。

練習5：請解釋文本的批判意義

無神論的存在主義 [⋯] 宣告如果神不存在，那至少還有某種存有裡面存在是先於本質，這個存有在能夠被任何概念界定之前便已存在，這個存有就是人，或者像海德格所說的，是人的實在[1]。此處所謂存在先於本質意指為何？意指人先存在，遭遇到世界，在世界上出現，然後他才界定自身。

沙特，《存在主義是一種人道主義》，「思想」文庫，Nagel，1946，頁21。

1 | 審定注：沙特把海德格的德文 Dasein（譯為此在或此有）翻譯為法文的 La réalité humaine（人的實在），沙特常被批評過於專注在人身上，甚至過於人類中心主義；而海德格比較強調存有（Sein）本身，透過 Dasein 揭示存有的整體，而非只是人身上，海德格後期對存有的沉思，常被視為一種神祕主義的走向。

1. 我們經常說「存在先於本質」這句格言，但這句格言批判的概念是什麼？
2. 請將下述命題填入下面的欄目

沙特的文本所批判的命題	與沙特文本一致的命題

a.「存有既無誕生也無初始。因此它若非絕對存在就是完全不存在。」（帕門尼德，《論自然》）

b.「神以自己的形象創造天地。」（〈創世記〉）。

c.「人是一種政治動物。」（亞里斯多德）。

d.「對人而言，人是狼。」（霍布斯引普勞圖斯）。

e.「至於野獸，牠既無所得，也沒什麼好失去的，永遠停留在牠的本能層次，而人類隨著衰老，則又失去了 [⋯] 一切他努力獲得的可完善性，因此淪落到比野獸更低的層次。」（盧梭，《論人類不平等的起源與基礎》）。

練習6：超越表象

可以說，這是一捲滾筒的展開，因為沒有任何活著的存在者不會感到自己將逐漸抵達自己角色的終點；而活著就意味著老去。但這也同樣是種持續的纏捲，像一細線團上的絲線，因為我們的過去緊隨著我們，它一路收集每一個當下，不停增長；而意識則意味著記憶。

說真的，這既不是纏捲也不是展開，因為這兩種形象讓人想起線條或是平面的樣子，其內在的各部分是均質的，可以相互堆疊。然而，在一個有意識的存在者之中，沒有任何兩個時刻是相同的。[⋯]因此，必須提出的形象是一個有千萬細微差別的光譜，在其中任兩個細微差別的色調上，有許多感官無法察覺的漸層色差。[⋯]光譜上接續的各種色差總是外在於彼此的。它們彼此並置，在彼此之外並且在範圍上並置。相反的，純粹的時間綿延排除了所有並置、彼此的外在性與擴延性。

我們不如想像一塊收縮得無限小的橡皮，小到像數學上的一個點一樣。我們拉著它，從這個點逐步拉出一條將不斷拉長的線。將我們的注意力定在拉長線的動作上，而非定在這條線上。[⋯]最後，我們可以得出這個做為運動之基礎的空間，讓我們不再注意到別的，只有運動本身、繃緊與拉伸的動作，以及最後是純粹的運動性。這時我們對於我們在時間綿延中的發展，將有一個更忠實的形象。

柏格森，《思想與運動》，1938，「四馬戰車」文庫，PUF，2009，184頁。

柏格森試圖為「持存於時間中的我」找到越來越準確的形象。為何光譜的形象，以及橡皮點的形象，能修正我們對於「在時間綿延中發展」的錯誤描述？

練習7：作品分析 ▶見第五冊的〈理性與真實哲學導論〉、〈真理〉

| 尚－米歇·阿爾貝羅拉，《什麼也沒有》(*Rien*)，1994。

請明確指出練習2當中所定義的詞彙的關切所在，並觀察這幅尚－米歇·阿爾貝羅拉 (Jean-Michel Alberola) 的作品。

1. 表象。這個霓虹燈描繪了什麼樣可感知的現實？什麼樣的概念？是從自我意識的角度出發的嗎？
2. 虛無主義。藝術家如何批判：
   a. 存在之目的的概念
   b. 不朽性的概念
3. 有限性。人類的有限性是如何被詮釋的？
4. 本體論。這個圖像是否假設了徹底的不存在？

練習8：分析作品

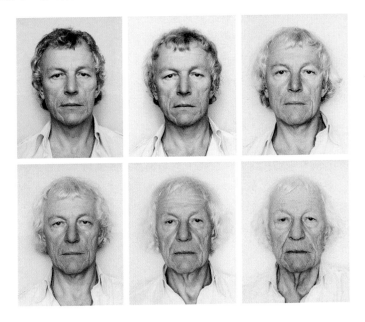

羅曼‧歐帕卡，《歐帕卡
1965/1－∞》（細部）。

1. 請在網路上搜尋羅曼‧歐帕卡（Roman Opalka, 1931-2011）的作品。
2. 從你在這位作家及他的其他作品中所看到的出發，在奧古斯丁與柏格森的文本的基礎上，這些作品可以幫助你反思時間的度量。
   a. 如何度量時間？
   b. 是什麼讓這些影像捕捉到時間既流逝又停留、既創造又破壞？

練習9：區分夢與現實

　　如果我們整夜都夢到同樣的事物，它就會像我們每日所見的物一樣影響我們。而如果一名工匠肯定自己每天晚上都有12個小時夢到自己是國王，我相信他將會和一個肯定自己每天晚上都有12個小時夢到自己是一名工匠的國王幾乎一樣幸福。[⋯]

　　但因為夢想各不相同，同一種夢也各有變化，我們在夢中所見對我們的影響，就遠不如我們清醒所見的事物，這是因為連續性不同，在我們遊歷時，連續性雖然也會改變，但較不突然，就算有也很罕見；因此我們說：「我彷彿在作夢。」因為生命是一場比較不是那麼不穩定的夢境。

巴斯卡，《沉思錄》，〈386〉，「GF」文庫，Flammarion，156頁。

Q：根據巴斯卡的看法，在哪個情況下，我們會難以區分夢境？
Q：你是否可以舉出其他夢境與現實難以區分的例子？

練習 10：找出文本的命題

　　然而，如果有這樣一種狀態，靈魂在其中找到足夠穩固的位子，可以完全得到休息，並且將它整個存在都聚集起來，無需回憶過去，亦無需展望未來。在這個位子上，時間對靈魂毫無意義，當下永遠延續，不計其延續長短，也沒有接續的痕跡，沒有任何缺乏的感覺，也沒有喜悅、沒有快樂也沒有痛苦，沒有欲望也沒有擔憂，像擔心我們孤獨的存在一樣，而只有這感覺就能占滿整個靈魂；只要這種狀態延續，在這種狀態中的人就可說自己是幸福的，而且不是種不完美的、貧乏而相對的幸福，像我們在生命的享樂中所找到的那種幸福，而是一種充足、完美而完整的幸福，在靈魂上不留下任何空洞、使它感到需要去滿足的幸福。

尚－雅克・盧梭，〈漫步之五〉，《一個孤獨漫步者的遐想》，「七星」文庫，Gallimard，1047頁。

Q：這份文本所批判的是哪種永恆的概念，以及哪種存在的滿足？

練習 11：構思詳細的論文綱要

主題：「我們的存在是否屬於我們？」

請組織你的知識，為下述命題找出論證：

——我們的存在有賴於我們

——我們的生命只是借給我們的

——活出自己的生命預設了做自己的勇氣

練習11 試答

我們的存在有賴於我們	我們的生命只是借給我們的	活出自己的生命預設了做自己的勇氣
無論我的「角色」為何，重要的是扮演好這個角色（斯多噶派）。	我們並未選擇出生，亦未選擇死亡。我們仰賴於巧合。	一切生命都誕生於變化，只是我們的社會身分掩蓋了這些變化。做自己，意指不害怕變化，也不為變化感到羞愧。
存在先於本質：人類自己選擇，包括他選擇不要選擇的時候。	存在意味著失去生命（生命世界給我們的，我們得還回去）。	要善用生命，就得專注於當下，同時又對自己的死亡有意識。
我們可自由地拒絕存在，而我們如其所是地熱愛存在時，我們則更為自由。	我們的存在同樣有賴於他人的存在。	每個存在都是獨特的，其記憶也是獨一無二的。但這種同一性是隱匿的。

綜合整理

定義

存在就是真實地「在」（être）的事實。度量與影響存在的就是時間。

提問 Q1：我們是否真的知道時間是什麼？

癥結
時間會影響我們，但我們的意識也對時間有所施為。為何不可逆地飛逝的形象是騙人的？

答題方向
意識有留住時間、聚焦於自身之上的力量（奧古斯丁）。
我們並不認識時間本身，而是時間框架了我們的認識（康德）。
純粹的時間展延是我們的自我同一性的持續性的創造物（柏格森）。

引述
「時間誕生於我與事物的關係。」（梅洛－龐蒂）
「在一個有意識的存在者之中，沒有任何兩個時刻是相同的。」（柏格森）

論文寫作練習：分析下述主題，並提出問題
■「存在必須提出理由嗎？」（人文組，2011）
■「只有當下存在，這是真的嗎？」（人文組，2011）
■「時間是否必然具有破壞性？」（人文組，2009）

提問 Q2：存在是否就是承受時間的影響？

癥結
我們難以讓自己滿足於當下而忽略我們生命的時間延續。我們不應壓抑對死亡的思考，但它在存在中的地位是什麼？

答題方向
我們至少可以享受當下（伊比鳩魯）。
愛我們的存在是我們的義務，而非我們的選擇（馬可·奧里略）。
死亡的必然性並不能阻止我們選擇生活（沙特），只要我們將自己的死亡想成某種純粹的可能性（海德格）。

引述
「我們就根本沒有活過，但我們又希望能夠活著。」（巴斯卡）
「人當下無法擁有的，哪有任何人能加以剝奪？」（馬可·奧里略）
「當下對所有人而言都是相同的。」（馬可·奧里略）
「我願意做些什麼，使得他們明白，去思考對於生命的想法[比去思考對於死亡的想法]有著百倍的價值。」（尼采）

譯名表

人名

中文	法文
1-5 劃	
凡斯・萊克哈特	Vince Reichardt
大衛・布蘭哲	David Boulanger
大衛・休謨	David Hume
加斯東・巴舍拉	Gaston Bachelard
巴魯赫・史賓諾莎	Baruch Spinoza
文森・梵谷	Vincent Van Gogh
卡斯巴・大衛・費德利希	Caspar David Friedrich
卡濟米爾・馬列維奇	Kazimir Malevitch
史恩・康納萊	Sean Connery
尼柯米迪的阿里安	Arrien de Nicomédie
布萊茲・巴斯卡	Blaise Pascal
弗朗西斯科・哥雅	Francisco de Goya
弗朗索瓦・維永	François Villon
皮耶・保羅・魯本斯	Pierre Paul Rubens
6-10 劃	
伊比鳩魯	Épicure
吉貝・加桑	Gilbert Garcin
安妮・艾爾諾	Annie Ernaux
安迪・沃荷	Andy Warhol
安德烈斯・古爾斯基	Andreas Gursky
朱立安・崔弗利恩	Julian Trevelyan
米歇・昂希	Michel Henry
艾比克泰德	Épictète
艾德蒙・胡塞爾	Edmund Husserl
西勒努斯	Silène
佐治・桑普杭	Jorge Semprun
克里克勒斯	Callicles
克勞德・李維史陀	Claude Lévi-Strauss
克萊蒙・羅賽	Clément Rosse
希波克拉底	Hippocrate
杜安・韓森	Duane Hanson
亞佛烈德・希區考克	Alfred Hitchcock
亞當・斯密	Adam Smith
依曼努爾・列維納斯	Emmanuel Lévinas
依曼努爾・康德	Emmanuel Kant
孟德維爾	Mandeville
季蒂昂的芝諾	Zenon de Citium
尚・皮亞傑	Jean Piaget
尚・伊波利特	Jean Hyppolite

莫里哀	Molière
莫里斯・梅洛－龐蒂	Maurice Merleau-Ponty
莫理斯・貝佳	Maurice Béjart
莫理斯・拉威爾	Maurice Ravel
陳箴	Chen Zhen
喬治・巴克萊	George Berkeley
喬治・米勒	George Miller
喬治・唐	Jorge Donn
喬治歐・德・奇里訶	Giorgio De Chirico
斐德諾	Phèdre
斯加納瑞	Sganarelle
普勞圖斯	Plaute
普羅塔哥拉	Protagoras
費德利希・尼采	Friedrich Nietzsche
費德利希・黑格爾	Georg Wilhelm Friedrich Hegel
費羅諾斯	Philonoûs
雅各・拉岡	Jacques Lacan
雅典娜	Athéna
黑蒙・布東	Raymond Boudon
塞內卡	Sénèque
奧古斯丁	Augustin
奧迪隆・雷東	Odilon Redon
奧維德	Ovide
溫斯頓・葛拉漢	Winston Graham
蒂歐根尼	Diogène
漢娜・鄂蘭	Hannah Arendt
瑪妮	Marnie
維根斯坦	Wittgenstein
蒙田	Michel de Montaigne
赫米斯	Hermés
赫伯特・德瑞波	Herbert James Draper
赫拉	Héra
赫拉克利特斯	Héraclite
齊內達・塞勒布里亞科法	Zinaida Yevgenievna Serebriakova

16 劃以上

墨涅拉俄斯	Ménélas
歐仁・德拉克羅瓦	Eugène Delacroix
霍布斯	Thomas Hobbes
霍拉斯	Horace
鮑希斯・維昂	Boris Vian
薛西弗斯	Sisyphe
黛碧・海德倫	Tippi Hedren

存在主義是一種人道主義	L'Existentialisme est un humanisme
存在與虛無	L'Être et le Néant
收藏家	Le Collectionneur
何謂文學？	Qu'est-ce que la littérature ?
作品集一：散論	OEuvres I, Variété
作為意志與表象的世界	Le Monde comme volonté et comme représentation
吝嗇鬼	L'Avare
呂根島上的白堊岩壁	Falaises de craie sur l'île de Rügen
形而上學的沉思	Méditations métaphysiques
形象的背叛	La Trahison des images
快樂的科學	Le Gai Savoir
我的水中倒影	Ce que l'eau m'a donné
我遠離自己	Loin de moi
沉思錄	Pensées
沒有面容的頭	DeuxTêtes sans visage
良善的撒瑪利亞人	Le Bon Samaritain
屈光學	La Dioptrique
帕里斯的定奪	Le Jugement de Pâris
昂希‧馬蒂斯：關於藝術的文字與談話	Henri Matisse, Écrits et propos sur l'art
波麗路	Boléro
物質與記憶	Matière et Mémoire
物體系	Le Système des objets
知覺：閱讀世界	La perception, une lecture du monde
知覺心理學	La Psychologie de la percept
知覺現象學	Phénoménologie de la perception
知覺與關注	Perception et attention
社會契約論	Du Contrat social
芬妮與亞歷山大	Fanny et Alexandre
附錄與補遺	Aphorismes sur la sagesse dans la vie
後設心理學	Métapsychologie
思想與運動	La Pensée et le mouvant
政治散論	Fragment politique
查拉圖斯特拉如是說	Ainsi parlait Zarathoustra
洞穴中的女人	Femme dans une grotte
看那不可見的：理解康定斯基	Voir l'invisible. Sur Kandinsky
研討課	Le Séminaire
科學精神的建立	La Formation de l'esprit scientifique
美學講稿	Introduction à l'esthétique

地名

1-5 劃

大安地列斯群島	Grandes Antilles
巴黎－拉德芳斯	Paris-la Défense
布爾勒收藏展覽館	Fondation E. G. Bührle Collection
布赫瓦爾德	Buchenwald
弗烈什中學	La Fléche

6-10 劃

佛羅里達州	Floride
克里夫蘭	Cleveland
克勒勒－米勒博物館	musée Kroller-Muller
里爾	Lille
旺克	Vence
法國國立造型藝術中心	Centre national des arts plastiques
俄羅斯國家博物館	musée national russe
宣韋收藏	The Sherwin Collection
美術宮	Palais-des-Beaux-Arts
哥多華	Cordoue
祖烏瑪	Zeugma

11-15 劃

國立現代美術館	musée national d'Art moderne
現代藝術博物館	Museum of Modern Art (MoMA)
畢卡索美術館	musée Picasso
提森－博內米薩博物館	Thyssen-Bornemisza Museum of Art
普拉多博物館	musée du Prado
湯瑪斯·安曼美術	Thomas Ammann Fine Art
萊登	Leyde
奧特洛	Otterlo
溫特圖爾	Winterthour
圖涵省海亞	La Haye en Touraine

16 劃以上

墨西哥	Mexique
德爾斐	Delphes
歐斯卡·萊恩哈特美術館	musée Oskar Reinhart
醫務營區	Revier
龐畢度中心	Centre Georges Pompidou
蘇黎士	Zurich

專有名詞

1-5 劃

一塊蠟板	tablette de cire
一體性	unité
不止息的活動	Unruhe
不動心	ataraxie
中景	plan rapproché
互為主體性	intersubjectivité
內在性	intériorité
公設	postulat
反身性意向	intention réfléchie
心靈	esprit
主奴辯證	dialectique du maître et du serviteur
他人中心	allocentrisme
以自我中心的主體	sujet égocentrique
去除自我中心	decentration
另我	alter ego
外在世界	monde extérieur
外在性	extériorité
失誤行為	acte manqué
本體	noumène

6-10 劃

伊比鳩魯的豬	pourceaux d'Épicure
先天形式	forme a priori
先在的定見	prénotions prolepsis
再現	représentation
同一性	identité
同情	sympathie
回憶療法	anamnèse
因其為目的自身	Zweck an sich selbst
存有 / 在	Être
死之警語	memento mori
老鼠籋	acanthes
自在的	en soi
自我中心	egocentrisme

自我之愛	amour-propre
自我意識	conscience de soi
自私	egoisme
自為	pour soi
自欺	mauvaise foi
自愛心	amour de soi
自誇	egotisme
自戀	narcissisme
自戀創傷	blessure narcissique
行為	comportement
利他	altruisme
形式	forme
快樂原則	principe de plaisir
我思	je pense
把握今日	carpe diem
角色	personnage
身體	corps
身體本身	corps propre
身體的現象	Corps phénomenal
享樂主義	hédonisme
取決	dépend
定言令式	imperatif categorique
居間狀態	entre-deux
物自身	chose en soi
物質之友	hylè
直接的	immédiat
知識	erkenntnis
知覺	perception
知覺判斷	Wahrnehmungsurteile
知覺階段	etape perceptive
社會事實	le fait social
社會學個人主義	individualisme sociologique
肯認	reconnaissance
表意	signification
信心	confiance
前意識	pré-conscience
客體	objet
客觀事物	objectif
某物思考	quelque chose pense
某種熟識之物	etwas Baknntes
相似性	ressemblance
相信	croyance
相遇	rencontre

科林斯柱式	chapiteau corinthien
面容	visage
個人身分同一性	identité personnelle
候見室	antichambre
根本的相異性	altérité essentielle
海拉斯	Hylas
特殊	particulier

11-15 劃

動物性能量	esprits animaux
清楚知道的事情	le bien connu
現象	phénomène
現實	réel
現實原則	principe de realite
理性	logos
理性之友	noûs
理性存在者	Die vernünftige Natur
理想	idéal
理解框架	grille de lecture
疏遠	lointain
細微知覺	petites perceptions
被呈現出的處境	situations appresentées
野生的	sauvage
野蠻的	barbare
博愛	philanthropie
斯多噶學派	stoiciens
普普藝術	pop art
智者學派	sophistes
無私	desinteressement
無法察覺的作用力	sollicitations imperceptibles
無意識 / 沒有意識 / 無法察覺	inconsciente
無關	désintérêt
超越的	transcendance
間接的	médiat
意志	volonté
意志的現象	Erscheinung
感受	sentiment
感官階段	etape sensorielle
感知	perçoive
感覺	sensation
感覺印象	impression sensible
楊森派	janséniste
節度	mesure

圖片版權來源

法國高中生 哲學讀本 III

PASSERELLES
PHILOSOPHIE TERMINALES L.ES.S

我能夠認識並主宰自己嗎？
——————建構自我的哲學之路

作　者　侯貝（Blanche Robert）等人 ｜譯　者　梁家瑜 ｜審　定　沈清楷 ｜特約編輯　宋宜真

全書設計　徐睿紳 ｜排　版　謝青秀 ｜執行編輯　官子程 ｜行銷企畫　陳詩韻 ｜總編輯　賴淑玲

出版者　大家出版／遠足文化事業股份有限公司 ｜發行　遠足文化事業股份有限公司（讀書共和
國出版集團）　231 新北市新店區民權路108-4 號 8 樓　電話(02)2218-1417　傳真　(02)8667-1851
劃撥帳號　19504465　戶名　遠足文化事業有限公司 ｜法律顧問　華洋法律事務所　蘇文生律師

PHILOSOPHIE TERMINALES ÉDITION 2013
Written by Blanche Robert, Hervé Boillot, Yannick Mazoue, Patrice Guillamaud, Matthieu Lahure, David
Larre, Aurélie Ledoux, Frédéric Manzini, Lisa Rodrigues de Oliveira, Tania Mirsalis, Larissa Paulin, and
Karine Tordo Rombaut
Copyright © 2013 by Hachette Éducation
All rights reserved.
Chinese complex translation copyright © Walkers Cultural Enterprise Ltd. (Imprint: Common Master Press)
Published by arrangement with Hachette Éducation through LEE's Literary Agency

國家圖書館出版品預行編目(CIP)資料

我能夠認識並主宰自己嗎？：建構自我的哲學之路 / 侯
　貝(Blanche Robert)等著；梁家瑜譯. -- 初版. -- 新北
　市：大家出版：遠足文化發行, 2017.07
　面；　公分. -- (法國高中生哲學讀本；3)
　譯自：Passerelles : philosophie terminales L. ES. S
　ISBN 978-986-94927-0-6（平裝）

1.西洋哲學 2.倫理學　　　140　　　　106008484

定　價 450元
初版1刷 2017年7月
初版18刷 2024年3月
ISBN 978-986-94927-0-6